ド・ローラ節子の
和と寄り添う暮らし

節子・クロソフスカ・ド・ローラ

Setsuko Klossowska de Rola

とんぼの本

新潮社

ド・ローラ節子の和と寄り添う暮らし　目次

第1章 和のこころで紡ぐ、洋の生活 008

第2章 着物つれづれ

撮影………山下郁夫

スイス、ペイダンオー地方ロシニエール。
標高900メートルのこの小さな村に暮らす日本人女性、
ド・ローラ節子。
20世紀を代表する画家バルテュスの妻となって
欧州にわたり、40年余りをともに過ごしました。
最愛の夫亡き後も、この地に留まって、
自らも画家として創作活動を続けています。
その生活は、西欧に住まうからこそ研ぎ澄まされていった
日本人ならではの美意識に彩られています。

レマン湖の東側に位置するロシニエールの村。
こぼれんばかりの光とかぐわしい緑は、
大自然からの贈りもの。

夫バルテュスとともに暮らした館グラン・シャレを庭から望む。
木瓦の屋根が陽を浴びて銀色に輝くさまには息をのむばかり。

今は亡き夫バルテュスと（1992年6月）。夫は日々の生活のなかで、私自身も気づかなかった日本の美を、私のなかから引き出してくれました。撮影＝景山正夫

第1章 和のこころで紡ぐ、洋の生活

ここ「グラン・シャレ」は、バルテュスの終の棲家となった館。
豊かな自然の恵みのなかで営む暮らしは、
「和のこころ」の貴さを思い出させてくれます。

文豪ヴィクトル・ユゴーが常宿にしていた、
ホテル時代のグラン・シャレ。室数は約50。
手前に見えるテラス部分は、現在では取り去られています。

ロシニエールでの生活が始まったのは1977年のこと。夫バルテュスの健康のため、気候の良いスイスに新しい住処を探していたところ、運命的に出会ったのが、グラン・シャレでした。

この建物は1754年に建造されたスイス最大の木造建築。庭の側から眺めると、大きな屋根は、雛を守る親鳥の翼のよう。入ってみると、各部屋の天井は低く、広さも適度で落ち着くのです。初めて訪れた当時は、ホテルとして営業していました。「まるで日本家屋みたい……」。思わずこんな言葉が口をついて出たのを覚えています。

日本人である私にとって、木の持つ温かみや「気」はとりわけ馴染み深いもの。足を踏み入れたとたん、此処こそ我が家だと感じたのは、きっとそのせいだったでしょうか。

バルテュスの死後、しばらくは辛い日々が続きましたが、いまは心新たに、此処で暮らし、此処で描いています。

ロシニエールへはモントルーから鉄道で約50分。ほぼ1時間に1本運行。

庭花との語らい

早春から夏にかけて、広大な庭に次々と花が咲き誇ります。

澄んだ空気、清らかな水、静かな時のあるところで生きられるのが、今の世の中で一番のぜいたくではないかしら、と思うこのごろです。

大恩に恵まれたスイスの山の中で生活するようになって、もう30年以上も過ぎてしまいました。遠くの旅からの帰途はもちろん、近くの町から我が家グラン・シャレに戻る時、山に挟まれた谷間の細い道に車が入ると、ほっと安心するの

馥郁たる花の香りが、生活に彩りを添えて。

です。

　春の初めから夏にかけて、グラン・シャレの広大な庭には、美しい花々が季節を告げながら咲き誇ります。菜園には緑がみずみずしく輝いて……。丹精込めた植物たちが応えてくれる、うれしい季節です。スイスの山の生活で、庭で過ごす時間のもっとも長いのが、この7～8月。バラの花殻を摘み取る仕事は、欠かすことのできない日課ですし、室内を新鮮な庭花で飾るのも日々の楽しみです。

　早朝あるいは夕方、生け花用の花を探そうと、花ばさみと籠を手に、はりきって庭に下ります。でも、大地にしっかりと根を張り、気持ちよさげに微風に揺らいでいる花の姿を目にすると、切りとってしまうのがかわいそうな気もして……。同じ花の前を行ったり来たり、ずいぶん迷います。すでに満開の時季を過ぎた花ならば、まだ気が楽。ですから、家族だけの食卓を飾るのは、たいてい、その日一日で散ってしまう花ばかり。けれど、お客さまを招いての晩餐会などでは、そういうわけにはいきません。大きな食卓や室内のあちらこちらに、たっぷりとお花を飾るのが西欧風のおもてなし。そんな折でさえ、自分で庭花を選ぶとほんの少ししか用意できなくて、数年前からは、お手伝いの人に頼んで花を切ってもらうようになりました。すでに切ってある花ならば大歓迎。どんな花器を合わせ、どんな食卓布をそろえようかと、絵を描くような心持ちで、あれこれ考えを巡らせます。

　庭でお茶や昼食ができるのも、この盛夏のころ。遠出の時間のないときは、庭でピクニックをすることも。自然の懐に包まれると、簡単なサンドイッチと飲み物だけで、じゅうぶん幸せになれるのですから。緑風に誘われて庭に下り、草や花や木とともに過ごすそのひとときは、

花の種類ごとに自筆の〝手入れノート〟をつけているほど、庭仕事は大好き。
［右上から時計まわりに］水仙、バラ、クレマチス、チューリップ、ハナズオウ、アイリス、ルピナス、エゾイチゴ。
［下］女性庭師と庭花について話し合うのも楽しいひと時。

季節が贈ってくれる、さわやかな歓び……。

庭の一画に、農薬を一切使用しないささやかな菜園をつくってから、10年近くたちました。寒い地方ですので種類は豊富に望めませんが、食卓用の野菜や果物を栽培しています。

柔らかいサラダ菜やピリッとしたハツカダイコン、付け合せに便利なインゲン豆、それにキャベツやナス、トマトなど。太陽の下で熟したエゾイチゴは、その場でちぎって食すと、芳香とともに陽のあたたかさが口の中に広がります。

庭花や野菜の手入れは、時間の許す限り、自分でするように心がけています。洋の東西を問わず、植物を美しく育てるためには、植物と対話する必要があるといわれています。ことに日本人は、太古の昔から、動物はいうまでもなく、植物や物体の中にもその魂を見いだして、万物を崇め、万物と対話する心を宿していました。庭仕事の時間は、自我を忘れ、人が自然と一体になれる瞑想の時間でもあります。

アトリエの窓から

アトリエでは、縞の紬や木綿の絵絣の水屋着を愛用。

画室に置かれた茶器、布などは絵の題材に。
欠かせないのはモーツァルトのレコード。
描くときはいつもかけています。

絵を描いている時間は夢のように過ぎてゆきます。
奥の壁に掛けてあるのは、
バルテュスの絵の具がついたままのパレット。

アトリエの窓から
Par la fenêtre

いつのまにか画家になっていた私……。振り返ってみますと、やはり夫バルテュスとの出会いが因縁といえましょう。結婚したばかりの頃、バルテュスは由緒あるアカデミー・ド・フランスのローマの拠点メディチ館で館長を務めていました。館の敷地内のアトリエでは、多くの若いフランス人芸術家が創作活動に従事していて、彼らと日々の交流を重ねるうち、私の中に眠っていた「絵を描きたい気持ち」が、徐々に目覚めていったのでした。

街へ出かけるにも、郊外へ散歩に行くにも、必ずスケッチ帳片手の画家、彫刻家、建築家たち。共に出かける私にとっても、いつのまにか、風景をスケッチするのは特別なことではなくなっていました。

そんなある日、バルテュスに「素描だ

［右上］イーゼルに架かった絵は
《アトリエのマジョリーナ》（1996〜97）。
愛猫マジョリーナはこの絵を描いた翌日、
息を引き取りました。
緑の籐椅子は今もそのまま……。
［左上］バルテュスの薦めに従い、
油絵具は使いません。
［右］円仁上人著「入唐求法巡礼行記」の
挿絵の制作途中。
和紙に岩絵具を使用。

けでなく、絵を描いてみたい」と伝えましたら、「油絵さえしなければ、大賛成です」との返事。理由を尋ねると「淡泊な趣を好む日本人の資質に油彩は合わない」と。バルテュスは常々、大和絵や浮世絵を評して「日本人の持つ豊麗な装飾感覚を存分に駆使した崇高な絵画様式。世界に比のない独自の美の世界を築き上げている」といい、日本絵画のなかでも、もっとも称賛していました。そんなバルテュスの言葉に従って、私は日本の古画を鑑とし、グアッシュや岩絵具といった画材を用いて仕事を続け、今日に至っています。

　窓を開けると山からの風がさわやかに流れ込む私のアトリエ。四季折々に移りゆく美しい風景を目にすると、創作への新たな意欲に満たされ、画布に向かう心も清らかになります。

私の住まい

隠れ処めいた寝室は、もっともおちつける場所。
木枠に花模様の描かれた寝台など、
スイスらしい絵柄の家具に囲まれて。
ホテル時代に使われていたものを
そのまま引き継いだ調度品が多い。

[右上]スイスのアンティーク衣裳だんす（19世紀）。
花の絵柄は、スイスの伝統的な家具の装飾模様。
木造建築には骨董の木の家具がしっくり馴染みます。
[右下]ホテル時代のグラン・シャレにあった
スイスの家具（18世紀）。真っ黒に塗られていたものを、
バルテュスが、きっと下に模様があるに違いない、
といったので剝がしてみることに。
庭に出して二人でごしごし擦ってみると、案の定、
見事な模様が現れました。

[左]叔母から譲り受けた尾形乾山の硯箱。
眺めるだけでなく、実際に使うことで、
さらに物の良さがわかります。
お便りや招待状は必ず毛筆で……。

［左］春から夏にかけての楽しみは、
各部屋に合わせて花を飾ること。
サロンには、毎年5月になると、
バルテュスのアトリエの前で
花を咲かせる白いリラを。
［下］西欧のインテリアには日本式の
生け花よりも、花をたっぷりと、
どの方向から眺めても美しく見えるように
生けるほうが似合います。

誰にも見せたことのない心の内や思い出を、優しく留め置いてくれる自分の部屋。それは、何の隠し事もない、あるがままの私をそのまま受け止めてくれる不思議な空間です。誰にも聞かれたくない秘密のため息を漏らし、誰にも知らせたくない憤りの鼓動を聴くところ。そしてまた、果てしない夢と想像の世界に心をさまよわせることのできる場所でもあります。バルテュスと私はずっと、それぞれに自分だけの部屋を持っていました。

左頁の絵は、1988年の作ですから、20年も昔です。この作品の中にある家具は、張ってある布地は変わっても、今もそのまま。窓側の洋タンスの上に飾ってあるのは大切な思い出の品々。左端の自動人形は、ローマにいたころからずっと私の寝室に置いてあったものです。長男の文男を亡くして悲しんでいた私への、バルテュスからのパリ土産でした。ずい

描いてから20年経っても、私室のしつらえはほぼ同じ。
《私の部屋》
1988年　グアッシュ、紙　50.5×67.5cm

ぶん古いもので、ネジを回すと、長い巻き毛の金髪の少女が頭を傾けて、手に持つ花束の香りをかぐようにしたかと思うと、頭を回して右手に持った鏡を見ます。この所作と同時に鳴るオルゴールのかすれた響きは、今も私の胸をさびしく揺さぶります。

　絵には描いていませんが、部屋の壁にはバルテュスの描いた3枚のデッサンを掛けています。1962年、出会った夏に描いてくれた私のポートレイト、「節子のために　心の花」とことばが添えてあるバラの花、そして幼いころの娘の春美の顔です。

　手紙や原稿を書くのもこの部屋です。資料を必要とすることも多く、本がだんだん増えて、机の上に山積みになってしまいました。「徒然草」72段、「……多くて見苦しからぬは、文車の文。塵塚の塵」とあるくだりを、現《うつ》に味わっています。

グラン・シャレの各室のアクセントは、
花と猫（写真はニシィモン）と大好きな布。
世界中で求めたさまざまな布を
卓上布として使っています。
奥の壁面には自作《アトリエからの眺め》(1997)。

私の住まい
Ma maison

［上］サロンにある木製の飾り棚は
スイスのアンティーク（19世紀）。
飾ってあるのはイタリア、イギリス、
ペルシャ、オランダ、モロッコ、
日本など各国の器。
［右］バルテュスとともに集めた
人形コレクションは「人形の間」に。
多くは京都の市で求めたもの。

正面は中国製のたんす（19世紀）。
中央に置いてあるのは、やはり叔母から譲り受けた
仁清写しの壺（江戸時代のもの）、
左右の小さな壺はイランで買い求めたアンティーク。

私の住まい

Ma maison

[上]やわらかい光に満たされる朝の居間。
各室の絨毯はモロッコや
サルデーニャ島で購入したもの。
[右]毎年4月になると、山の谷間に咲き誇る
野水仙の花を籠に入れ、玄関に吊るします。
清々しい香りでお客さまをお出迎え。

日傘も雨傘も、昔ながらの蛇の目を愛用。
これは京都で求めた柳と燕の絵柄のもの。

朝の食卓

紅茶、トーストにはバターとジャム、ゆで卵、蜂蜜を入れたヨーグルトなど。
ティーコゼーで紅茶はいつも温かく。花とテーブルクロスで季節感を。

ダイニングのそばにあるカナリアの部屋から聞こえる歌声が、朝の食事に爽やかさを添えて。

朝の食卓にうらら日が光を投げかけ、巡り来る春の気配をひとしお感じるのが4月。朝食は決まって紅茶、トースト、ゆで卵、ヨーグルトなど。

西欧では、食卓で食物を温かく保つために工夫がなされ、保温用の小物にも趣向を凝らしたものがいろいろあります。たとえば、皮ごとの蒸し馬鈴薯を、そのまま綿布に包んでかごに入れ、山形の民芸品の「いずめこ人形」のような姿で食卓に並べたり。私は、長い冬の楽しみにいろいろな食卓用小物を手作りしました[左頁参照]。

15年程前のこと、娘の春美からつがいのカナリアをプレゼントされました。食事の間から一間を置いた小部屋をカナリアにあてがいました。三方に窓がある部屋の東窓の外側に、直接大きな鳥かごを備え付け、鳥が部屋の内外に自由に出入りできるようにしました。毎年ひなをかえして今では十数羽。朝食時には春を告げる歌声が聞こえます。

このカナリアの部屋で手芸をしていた時のこと。ちょっと外に出て、しばらくして戻ってみると、カナリアが絹の刺繍糸の大束をそのまま巣に運んでいたのです。天井近くの巣から5色の糸を、宮廷の女房が持つ袙扇《あこめおうぎ》の花飾りのように垂らして。まるで童話の国を訪れたような眺め。春の朝の思い出の中に、時折よみがえってきます。

ふたつきのパンかご

こんなかごに入れておくと、ふたを開けるたびに
香ばしいパンの香りが漂います。
早春の朝にふさわしい空気をふくらませながら。

❶頂き物の果物かごを利用(直径20cmくらい)。かごの内側に木綿の布を縫い付ける。
❷ふたの部分は段ボール紙。かごに縫い付けたのと同じ布を、切った段ボールに合わせて2枚用意。表にする1枚に刺繍を施す。段ボールの両面に薄く綿を入れ込んで2枚を閉じ合わせ、刺繍をした面の中心につまみのボタンをつける。

手編みのジャム・キャップ

市販のジャムの瓶に、
手編みのキャップをかぶせるだけで
気分が浮き立ちます。

❶鎖編みで作る円い敷物の要領。瓶のふたの大きさ(約7cm)に円く編んでから、花びらのように垂れる長さまで5〜7段編む。
❷裏に張る白い木綿布にはゴムを入れて、ふたにきちんと止まるように。

グラン・シャレの朝食は愛らしい手作りがアクセント

家族それぞれのナフキン入れ

毎日使うナフキンは、家族それぞれが
自分のナフキン入れに入れます。
汚れがひどくなければ
同じナフキンを2〜3日は使います。

❶クロスステッチ用の布を三つ折りにして、28×14cmのできあがりになるように。縫いしろを忘れずに。
❷同じ図柄は色を違えても混同するので避けたほうがいいでしょう。横長の図柄がテーブルに置いたとき映えます。

木綿糸で編んだエッグ・キャップ

家族のイニシャル入りのゆで卵の帽子。
好みのゆで加減を間違えない目印にも。
保温の効果もあります。

❶木綿のレース糸でこま編みと長編みと鎖編みをそれぞれに使い、家族の人数分、色を違えて編む。スタートの鎖編みは卵の円周になるので、だいたい16cmくらい。使う糸の太さによりますが、60〜70目が目安。洗濯で縮みやすいので注意。
❷どの編み方も10〜13段くらい。輪のまま、ずん胴に編み上げてトップを絞り込み、小さなボタンなどをあしらいます。ビーズでイニシャルをつけてできあがり。

本の手ざわり

NYの出版社から挿絵を依頼された豪華本「高野聖」（1995年に限定出版）。2年間かけて完成した挿絵は初めて日本画の技法で描きました。泉鏡花はもともと大好きな作家。

現代は、思考も生活も、すべての物事をできる限り速く、時間をかけずに進める方向に向かっています。世界中の最新情報をパソコンで受けることができ、まるで家の中に図書館があるように、手軽にあらゆる知識を得ることができます。この利点は大いに活用していますが、特に大切な資料は、必ずプリントして、活字としてとっておくようにしています。

ヨーロッパの古い本の収集家が由緒ある本を手に取る仕草は、茶人が茶器を扱うのにも似ています。それほどの貴重な本でなくとも、自分の愛読書を開き、ページを繰りながら読む所作そのものにも、読書の喜びを感じるのは、世代のせいなのでしょうか。やはり紙の手ざわりは愛おしいものです。

大事にしている本はたくさんありますが、なかでも「万葉集」と「徒然草」の2冊はかけがえのない書。

祖母が昔、月にいちど、家に歌人の先生を招いての「万葉の会」を催していて、私は小学6年生の頃からその会に参加していました。まだ小さかったので、母のそばで一緒に「万葉集」を眺めていただけですけれど。それは岩波の小さな文庫本で、表紙の裏には、母の名の初子、そして私の名のせつ子、と鉛筆書きされていました。この本はいつのまにか私のものとなり、今も枕辺にあります。年月を重ねるうち、古びて破れてしまった表紙には、千鳥と波模様の千代紙を張りました。その表紙を見るだけで、おおらかな万葉人の心が伝わってきて、心慰められる思いです。

もう1冊、父の中学生時代の教科書だった「徒然草」には、ところどころに、私の知っている父の文字とは異なる、まだ子供っぽい書き様で「学校用」などと記してあります。私が20代になってから、手元に置いているものです。

私にとって、この2冊の本の価値は、その深遠な内容だけでなく、父と母それぞれの思いが、移り香のように残っていること。

人には人生、本には「本生」があるのかも……。

あまたある蔵書。
なかでも、日本の浮世絵などの
画集はよく手にします。
読書室には暖炉があるせいか、
猫たちも大好き。
麻の葉模様の紬の着物に
正倉院柄の半幅帯は、
お気に入りの普段着。

邸内の北西に位置する読書室。
直射日光が入らないので本が傷みません
（書棚は画面に向かって右側のコーナーに）。
壁にはバルテュスと二人で撮ったポートレイトや、
娘・春美の書を飾っています。

手仕事の愉しみ

厚紙に絹地を貼ってつくった便箋入れ。
中央に刺繍で描いた女性像を配して。
便箋と封筒、絵葉書を入れて
お客さまのお部屋に置いてあります。

着物の残り布を使った書帙
(しょちつ／本を入れるための袋)。
旅先へも愛読書を携えていく折に。
バルテュスは家のなかでも、
傷んだ本をこれに入れて持ち歩いていました。

[右上]針金のハンガーに、壊れ物を包む
スポンジを巻きつけて木綿の布でカバー。
上のギャザー部分の布は
ハンガー幅の3倍の分量を。
[右下]やはり端布を縫い合わせた書帙。
[左]パッチワークで組み合わせた布の袋。
ひもは、刺繍糸を三つ編みにして。

私は、終戦直後に幼稚園〜小学校時代を過ごしました。当時は物がなく、おもちゃ屋さんの店頭を覗いてみても、並んでいるのはわずかばかりの素朴な玩具のみ。幼稚園では、皆がそれぞれ折り紙で自分のお財布を作って、アメの包み紙を指先できれいに伸ばし、きちんとたたんで中に入れて、お互いに柄を見せ合っては取り換えっこするのが楽しい遊びのひとつでした。チョコレートの銀紙や模様入りのセロハンも宝物だったのを思い出します。

当時は、すべての物を大切に扱い、できるだけ長く使用して、生活の中に生かすのが常のことでした。時代が変わり、物があふれて使い捨てが当たり前の現代になっても、私のなかには幼い時の習わしがいまだに残っていて、とにかく物が

［右］空き箱、リボン、包装紙、
何でも取っておくための部屋は
「リボンの部屋」と名づけています。
すぐ必要なものが取り出せるよう、
使い勝手よく整理して。
［左上］既製の箱にエキゾチックな布を貼り、
ふち飾りをあしらってみました。
［左下］やはり既製の箱に布を貼り、
蓋の周囲を刺繡糸でかがった
小物入れ。蓋に貼った絹地には
猫の絵を手描きしています。

捨てられないのです。老舗の美しい箱やリボンはもちろん、使用済みの包装紙はしわを伸ばして。それに便箋の帯なども時折、板目紙など使ってあるのを見つけると、たいそうなお宝になります。ほかにも空き缶、小布など……。一間をそのためのお納戸にして、所狭しといろいろな物をとってあります。いつか工夫して何かに使えないかしらと、巡り合った物には強い愛着と未練を感じて、手放せないのです。

自らの手を動かして何かをつくることは、ものを考えることにつながって、次から次へと新しいアイディアも生まれてきます。特に、一度使用された物を別の形で再生する喜びはひとしお。身のまわりにこうした品が増えることは、日々の暮らしにいっそうの潤いを与えてくれるのです。

ピクニックは気球に乗って

今は亡き愛犬ファンドール（44〜47頁参照）も
ピクニックが大好きで、いつも大はしゃぎ。
[左頁]さあ、お昼です！　友人のケーリー夫妻持参の
日本酒がお弁当に花を添え、
バルテュスの長男スタッシュ（右端）、
もちろんファンドールも参加。
この日の話題は何といっても熱気球。

近隣の村シャトーデーは毎冬
（1月末〜2月初旬）開催される
国際熱気球週間で知られています。
期間中でなくとも空中散歩を
楽しむ人は多いのです。

ピクニックは気球に乗って
Le picnique en ballon

お天気のいい日には、よく近くの山へピクニックに出かけます。家族だけのときもありますし、親しい友人たちを誘うことも。

今では日本語となっている「ピクニック」はもともとフランス語。18世紀、この言葉（picnique）は、皆で食べ物を持ち寄ったり、割り勘で支払ったりする軽い会食という意味でした。現在のように、野外での会食を指すようになったのは19世紀後半のことといいます。

ピクニックに欠かせないのは、サンドイッチ。英国のサンドイッチ伯爵の料理長の発案から生まれたといわれています。ゲームを好んだ主人が、食事をしながらでも楽しめるように、ナイフ、フォークなしで食べられるものを工夫したのだとか。

ピクニックに持っていくサンドイッチは、ご一緒する方に合わせて用意します。国籍を問わず、皆さまに喜ばれる具は、スイス特産の生ハムの薄切りとグリュイエール・チーズ。急にピクニックに出かけることが決まったときには、マグロやサケの缶詰が便利。固ゆで卵のみじん切りを、クリームで薄めたマヨネーズソースで和えたものと一緒にはさみます。長時間、山歩きをする時は、栄養たっぷりの黒パンが最適です。

ロシニエール近隣の村シャトーデーは、「国際熱気球週間」の催される地としても有名です。名高いスイスの冒険家ベルトラン・ピカール氏はここから出発して、熱気球の世界一周を見事に成功させました。熱気球には、風のない好天気が必須条件。毎年1月、この催しの期間中は、グラン・シャレの上空も色とりどりの熱気球の通り道になります。

今日は英国人の友人ケーリー氏の熱気球に乗って、近くの山までピクニック。私にとっては初めての経験。静かにゆっくり上昇して、まるで山々に触れることさえできそうな空中飛行。

シャトーデーからならば、イタリアのヴェネツィアまで4、5時間で行かれるとのこと……。

すべてを気流に任せ、宙に浮く鳥になった心地のひと時でした。

［右］朝からお手伝いさんの
テッシーとお弁当の準備に大忙し。
［上］サンドイッチの具材は
冷蔵庫にあるもので。
この日は、レタスとトマトとゆで卵、
サーモンとレモンとケッパー、
生ハムとピクルスのほか
地元のチーズなど。
パンは普通の白パン、黒パン、
ミルクパンの3種類。

［右］既製の籠に愛らしい木綿の布を
手縫いで飾った
ピクニック用バスケット。
［上］ピクニックに必需品のお皿は
アルミ製だから割れる心配がなく、
模様や色も華やか。
近郊の町で見つけたお気に入り。

猫の后の現《うつつ》語《がた》り

娘・春美はニシィモン、私はミツを傍らに。
猫の存在が絶えたことのない我が家。

バルテュスが最後まで愛でたミツ。
そろそろおねむの時間?

いつのまにか集まった猫の小物。2007年夏には、1階のバルテュス財団の展示場で、これらの猫グッズや猫にまつわる絵画などを集めて「猫の神秘」展を企画開催しました。

東京の実家が日本家屋でしたので、幼い時から、祖母や母に、犬猫などの動物は室内では飼ってはいけない、と厳しく言い渡されていました。それでも捨て猫を拾ってきては、掘炬燵や押入れの中に隠し、見つかるまで可愛がっていた私でした。いつか猫を飼ってみたいというのはその頃からの夢。

　猫が少し身近になったのは、ローマのメディチ館で暮らしていた20代の頃のこと。バルテュスが誂《あつら》えた各部屋の調度は、それぞれ由緒あるものでした。ルネサンス時代の椅子に当時のままの古い革が張ってあったり、ヴェネツィア産の絹の帳が掛けてあったり……。ですから当然、館の中に爪を研ぐ猫はご法度。けれど、館の庭園には野良猫が数十匹、住んでいました。竹やぶに囲まれた泉で水を飲んでいる猫、アーカンサスの花陰から顔を出す子猫。蜜柑とバラの木が交互に植えてある長い並木道からは、甘い移り香を体に染ませた猫が足元にじゃれついてきたりしたものです。

　15年間のローマ生活に別れを告げ、スイスの山村ロシニエールに移り住んでようやく、家庭らしい生活を味わうことができるようになりました。そんなある日、娘の春美が野良猫を連れ帰り、どうしても家で飼いたいといった時、幼い日の思い出が蘇えりました。その三毛猫は皆に大歓迎されて我が家の一員となり、〝みけ〟と名づけられて、沢山の子を産みました。

　それ以来ずっと、グラン・シャレに猫の存在が絶えたことはありません。現在は〝ミツ〟、その息子の〝3本足〟（3本足で生まれたので）、春美の愛猫〝ピットピット〟、〝ニシィモン〟。合わせて4匹の猫がいます。

　先日、縁あって、〝猫王自身で描いた肖像〟との添え書きが記されているバル

自慢の猫コレクション

［右］くつろぐミツ。
［左］七宝焼の小物入れ。
［下左］猫の顔付きの缶の箱（19世紀）。
［下右］猫の手作り指人形。

［右上から時計まわりに］トイレのお掃除グッズ、お友達への絵手紙、髪留め、ビスケットの間に苺ジャムを挟んだ猫型クッキー、猫を描いた石。
［下右］仮装パーティ用の手製の仮面。
［下左］長靴を履いた猫のぬいぐるみ。

テュスの自画像《猫たちの王》［115頁右下の写真に写り込んでいる絵］を買い戻す機会に恵まれました。その絵を前に、ふと、バルテュスが猫の王様ならば、私はそのお后なのかしら、との思いが頭をよぎりました。さしずめ、グラン・シャレは猫王バルテュスの宮殿、アトリエは美の太政官、王自ら美の創作を司る処。奇しき契りを得、猫のお后となって、34年の月日が流れゆきました。バルテュスの晩年、長い間、誰も入ることが許されなかった太政官にも出入りし、わずかばかり創作の手助けもできました。バルテュス亡き後は、ロシニエールの村が王を偲んで〝猫王国〟を名乗り、猫の芸術作品競い《コンクール》を催すまでに。

20歳まで猫を身近に知らずにいた一人の人間の女としては、身に余る誉を授かった一世《ひとよ》……。

ロシニエールで3年ごとの夏に開かれる「猫祭り」の期間は、野外に各地のプロ、アマ、子供たちによる猫の作品が飾られて優勝を競います。

動物のいる暮らし

春美の愛馬にまたがるファンドールと愛猫ミツ。
ファンドールの衣裳はポーランドの軍服、
ミツは英国の乗馬服姿。
《馬で散歩》
１９９７年　グアッシュ、カンヴァス　53×73cm

ファンドールを中心に、グラン・シャレの動物たちが集ってお茶を。
春美の22歳のお誕生日のために描いた作品。
《グラン・シャレのお茶会》
1995年　グアッシュ、カンヴァス　40×50cm

上の絵は、1995年、娘が22歳を迎えた年の誕生祝いに描いた絵です。現在は食事の間として使っている「ヴィクトル・ユゴーの間」で、彼女の愛犬ファンドールを中心に、グラン・シャレの動物たちが、お茶時に集まっている場面です。ファンドールを、バルテュス愛用のチョッキとスカーフを身につけている、ダンディーな青年に見立てました。

この絵の動物のうち、健在なのはチンチラウサギの兄弟の兄のみとなりました。十年一昔、としみじみ感じます。

ファンドールは2004年の秋、老衰で亡くなりました。晩年は脚や腰がすっかり弱くなり、腰周りに帯を巻いて、上からつり上げるようにして立ち上がらせていました。帯を持って庭に用足しに出し、近所への散歩も続けました。家の中の階段の上り下りが出来なくなったころ、下から木の階段をじっとさびしげに見入っていた姿が、まだ目に焼きついていま

[左]ダルメシアン犬のファンドールは、
とても賢く愛らしい犬でした。
[下]現在は、春美がアメリカから連れ帰った
ラブラドゥードル（ラブラドールと
プードルのミックス）犬ズッピーが家族の一員。
トイ・プードルのズードルもいます。

動物のいる暮らし

La vie avec des animaux

す。夜は私の寝室の真下に当たる廊下に寝かせていましたが、夜中にたびたび鳴いて起こすのです。そばに行って脚を握り締め、頭をしばらくなでてやると、気が休まるのか、やがて眠りに落ちました。娘は仕事の関係で1年の半分は米国住まいなので、ファンドールの最期は私がみとりました。

　もっとも記憶に残る、生活を共にした動物との絆は、触れた時の感触でしょうか。遺品や言葉、作品で思い出をよみがえらせることの出来る人間との別れより、切なさを感じるような気がします。

　人間同士は、言葉で心を通わせることができるすばらしさがある反面、嘘やお世辞、言い訳で本心をごまかすことも可能です。けれど、動物に接する時、人の心は、素直で純粋になり、発する言葉は本心をそのまま伝える楽器となるのではないでしょうか。

四季のお茶会

バルテュス存命の時から、グラン・シャレでは
午後5時がお茶の時間。
家族やごく親しい友人だけを招いて楽しみます。
この習慣は現在も続いています。

棚の上から1段目と2段目奥は19世紀ドイツの食器で、正餐用。
他はイギリス、フランスなどの復刻もので普段使いの食器。
食器類はすべて12人分揃えてあります。
別の棚にはイギリスや日本、中国、モロッコなどの各国の茶器が。

[右]ビュッフェに置かれた重厚な
スイスのアンティークの食器棚。
銀器はクリスマスや晩餐会に。
中央のサモワールは
大勢のお茶時によく使います。
[左上]家族の対話が生まれる、
かけがえのない時間。
[左下]テーブルセッティングも愉しみのひとつ。
お客さまに合わせて茶器を選んで。

ヨーロッパでは「お茶の時間」の習慣があって、折に触れ、お茶会を開きます。グラン・シャレでもブレンドしたお茶から手づくりのバラ湯まで、さまざまな茶葉を取り混ぜ、世界各国の茶器で、自家製のお菓子とともにお出しします。

スイスのジュネーヴ駐在国連大使夫人ら70人ほどを午前10時からお迎えし、朝茶会を開いたこともあります。グラン・シャレのなかをご案内した後は、ビュッフェでお茶の時間。英国の食器に2種類の紅茶、花ござの上の和食器には緑茶を3種（玉露、煎茶、ほうじ茶）。そしてカフェイン入りの飲み物を好まれない方には「パラダイス」、「赤い月」といった名称の草茶を用意してお茶碗は中国やモロッコのものを、さらに自家製のバラ湯も加えました。最近では、健康志向のせいか、西欧人の緑茶への関心の高さには目を見張るものがあります。お客さまの大半が緑茶を望まれ、おかわりにはバラ湯が人気でした。

　バラ湯は娘の春美の発案で作り始めて、もう数年になります。よりいっそうの香り高さを好まれる方には、バラ湯に、市販されているバラのエッセンスをさらに数滴落として。蜂蜜を入れてもおいしく、お茶碗にバラの花びらを浮かせますと、美しい花の姿の名残りを飲む心地。

　こんなふうに、いつも、折々の季節に合わせた香りの茶葉を選んでおもてなししています。秋のお茶会には日本の栗茶やブドウ茶。豊穣の秋の息吹が伝わってきます。

お菓子はすべて自家製。
[上]メレンゲにはこってりした「ダブル・クリーム」（生クリームの特に濃いもの）をつけて頂くのが、地元風。
[中]苺たっぷりのケーキ。スポンジケーキに生クリームと新鮮な苺をあしらったシンプルなケーキです。
[下]リンゴのタルト。ざっくり切ったリンゴにグラニュー糖とレモン汁をかけて水が上がってきたら煮詰めてジャムを作り、型に敷いたパイ生地に詰め、リンゴの薄切りを飾って200°Cのオーブンで20〜30分焼きます。

Column

バラ湯用のバラの作り方

娘の春美の発案で始めたバラ湯は、四季を通じて楽しむことができ、お客さまにも好評。香りと色の調和を考えて茶器を選びます。

1. 霜の降りる前の朝早く、香りのいいバラのつぼみを摘み、花びらを1枚1枚、丁寧にはずします。
2. 重ならないようにざるに並べて、日にあててよく乾燥させます。
3. 乾燥後は、密閉できる瓶に入れて保存します。
4. 緑茶や紅茶に混ぜたり、そのままお湯を注いでバラ湯としていただけます。お好みで蜂蜜を入れてもおいしい。賞味期限は1年ほど。

旅は着物で

旅支度をしていると、好奇心旺盛なニシィモンがいつも寄ってきます。訪れる国の気候や現地での予定に合わせて、着物や帯、小物を組み合わせていきます。手作りの和装小物入れが活躍。

着物は畳紙に包み、足袋、草履、
小物類などは手作りの袋に入れて整理。
旅先で重宝する半幅帯はくるくる巻いて。

旅に出るときもずっと着物で通します。着物と帯選びは旅程と目的に合わせて。日本と違い、何か忘れたからといって、ちょっと買い揃えるというわけには参りませんから、小物も含めて丹念に用意します。着物はかさ張らないので、かなりの枚数を持って行くことができます。畳紙《たとうがみ》や、ウコンで染めた黄色い風呂敷に収めて、丁寧に鞄に詰めます。

よく、着物で旅行は大変ではないですか、と聞かれますが、そんなことはありません。乗り物に乗るときは、長着は着慣れたもので皺になりにくい紬や大島、夏でしたら縮みを選び、帯は半幅で文庫結びにします。飛行機でも電車や車でも、座ったときは文庫結びの部分をくるっと前に持ってきてしまうのです。そうすれば背中は洋服を着ているときと同じ状態になりますから、休むときも楽。半幅帯は帯締め・帯揚げも不要ですから便利なのです。必ず、正倉院柄や古典柄など、数本持って出かけます。黒繻子との昼夜仕立ての帯ですと、後ろのたれを長めに結べば華やかですから、パーティの席にもちょうど良いのです。以前、ある会に出席するためミラノへ出かけた際、うっかりお太鼓の枕を忘れてしまったことがありました。その時は、芯の柔らかな通し文様の帯を持っておりましたので、片蝶々結びにして、だらりと下げて結んでみました。これが思いのほか好評でしたので、今でも時おり、敢えてだらりに結ぶことがあります。

着物を着ていると、日本人であることを再認識させられることがしばしば。どの国を旅しても、着物を着ていれば日本人であるとわかってもらえますし、民族衣装をまとっている人の多いアフリカ各地では、見知らぬ人からも「着物姿が美しいですね」と気軽に声をかけられたり、親近感のある笑みを湛えた目礼を受けたりしました。衣服の伝統を守る者同士、説明なしに心を交わすこともできるのです。

日本には、着物という世界に誇れる優雅な伝統文化があることを、なにげなく伝えるのは、私の使命のひとつではないかしらと思いつつ、いつもいつも、旅は着物で。

ヴェネツィア、サンマルコ広場にて。
母が見立てて送ってくれた絞りの着物で。

モロッコ、フェズの回廊にて。
浅草で求めた日傘は着物に合わせて
ブルーを選びました。

旅は
着物で

Voyager en kimono

フェズのメディナ（旧市街）にて。
木綿の縮みの着物に、旅には
絶対欠かせない半幅帯を文庫に結んで。

旅で見つけるもの

２度目にモロッコを訪れた際には、南下してサハラ砂漠まで行く予定が入っていましたので、砂丘で深紅の紗をたまらなく着てみたくなりました。夜明け前に駱駝の背に揺られて宿を出発、日の出を拝んでから朝焼けの砂の上に白足袋で降り立ちました。大地を守る白銀のおくるみ、足下からそのやわらかさが頭上までさくさくと伝わる感触。昇りゆく日の光は赤い衣に吸い込まれ、私の身体を火照らせて、夢世か現世か、その間を彷徨い歩いたものです……。

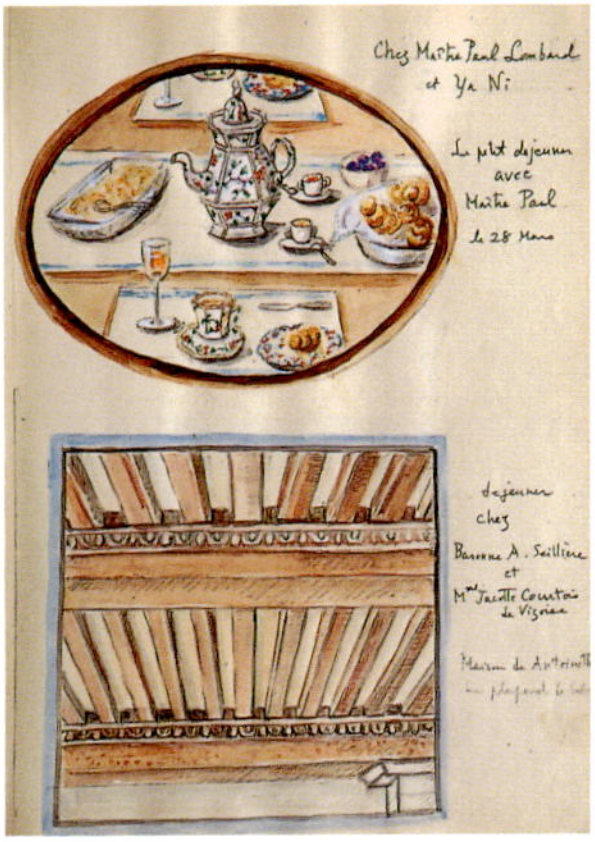

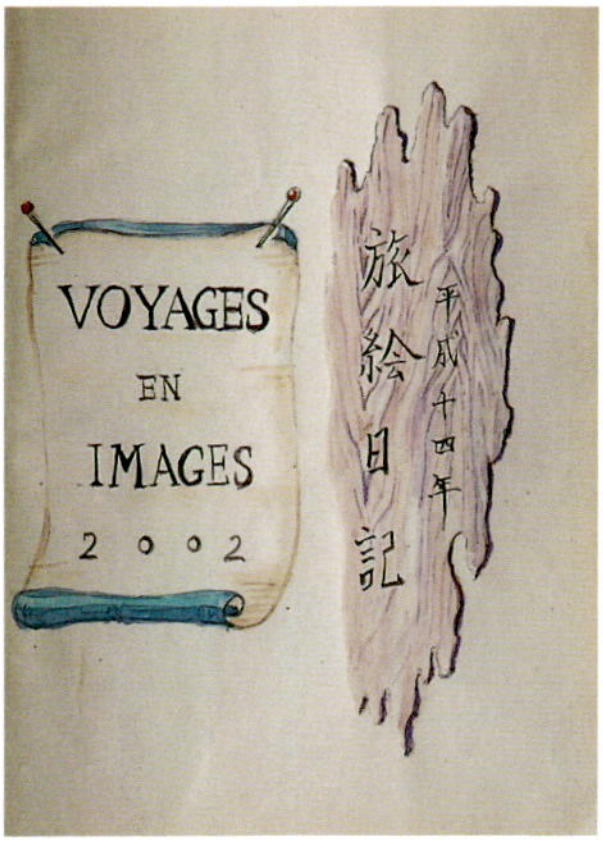

旅で見つけるもの

Les souvenirs des voyages

旅先では必ず旅絵日記と手控え帳、それに日本製の絵の具をランチョン・マットをリメークした袋に入れて持ち歩きます。旅情がいつまでも鮮やかに残るように……。

人生は旅——。その旅の途上、縁ある地での宿を我が家と呼び、ある出会いから夫と妻の契りが生まれ、長い旅の道連れとなるのです。この人生の旅の、その中でする旅は、夢のまた夢のようなもの。

ふらりと外へ出るよりも、何か目的のある旅が好きです。そして旅立ちの荷物には必ず旅絵日記帳を加え、思い出を描くようにしています。描くものは、何でもよいのです。時間がなければ、ホテルの部屋の中の果物とか、飛行機の中から見た雲でも……。まず手控え帳に簡単に記しておいて、後で絵日記帳に加えたりもします。そうしておくと、後の日に、そのときの旅情がそのまま浮かんできます。

夫を亡くした後は、以前よりもよく旅をするようになりました。訪れたことのなかった北アフリカの地、エジプトへは年の瀬とお正月を過ごしに。モロッコへは、毎年6月にフェズで開かれる「国際神聖音楽祭」に招待を受けて参加しています。今まですっかり西欧の文化になじ

モロッコ・サハラ砂漠で駱駝をスケッチ。

[左上]モロッコ・フェズ郊外の、サハラ砂漠へ
向かう途上に突然出現した花畑。
[左下]フェズの旧市街は緑の屋根と塔が美しい。

んでいた私にとって、北アフリカを訪れ、ほんもののイスラム文化に触れることは、新しい発見であり、すばらしい喜びでした。現代とかけ離れた古代文明の地というイメージを持って訪れたエジプトで見つけたものは、まさしく現代の西洋文化の源でした。そしてそこには、東洋と結びつく思想があったことなども。

遠く離れた民族同士がどこかで、何らかの形でつながっているのは、誰しもが等しく、地球という大きな同じ船上の旅客であるからなのでしょう。

贈りものの歓び

バルテュスから贈られたアンティークの指輪いろいろ。ルビーやダイヤ、珊瑚など、すべて思い出深く大切なものばかり。

バルテュスは閏年の1908年2月29日生まれ。「4年に一度の誕生日」を厳粛に守り、お祝いもそれにならって4年に一度しかしませんでした。ですから、バルテュスのためのお誕生日プレゼントは、いつも手作りで、じっくり時間をかけて用意することができたのです。「他の人は毎年老いるけれど、自分は4年でひとつしか年をとらないから、いつまでも若くいられる」と満足げに語っておりました。娘の春美が22歳になった時、バルテュスもやはり22歳（88歳）でしたから、父娘そろって同い年の祝賀会をいたしました。自らを「猫の王」と自称していたほど、大の猫好きだったバルテュスのために、猫の王とお后をそれぞれにアップリケした2つのクッションや、着物の端布をパッチワークで作ったチョッキ、縫い合わせのちゃんちゃんこ、手描きのスカーフ……など、いろいろな贈り物を作りました［62頁参照］。

春美へも小さい時から、お誕生日とクリスマスの贈り物は必ず手作りの品。ロ

春美から贈られた彼女のオリジナル・デザインのアクセサリー。洋装するときには必ず身につけます。

ーマのメディチ館に住んでいた時代、フランス人の留学生から張り子の指人形の作り方を教わって、春美が2歳のころから毎年ひとつずつ増やしてゆきました。できあがったのは、全部で9体。その人形たちを使って、たくさんの子供たちの前で、家族総出演の指人形劇会を開いた楽しい思い出があります。

成長し、ジュエリー・デザイナーとなった娘から私への贈り物は、自作の装身具（ネックレスなど）が多く、私自身で買い求めたものを含め、かなりのコレクションとなりました。

友人への誕生祝いには、よく詩の本をつくります。誕生日を迎える友人の、ごく親しい方々に好きな詩を選んでいただきます。選択された詩を、専門家にゴシック書体で1枚ずつ書いてもらい、それぞれに私が挿絵を施す趣向。詩を入れる箱を布張りにし、題字を金糸と小さなビーズで刺繍して出来上がり。これは差し上げる友人だけでなく、詩を選んでくださった方々にも、とても喜ばれる贈り物です。

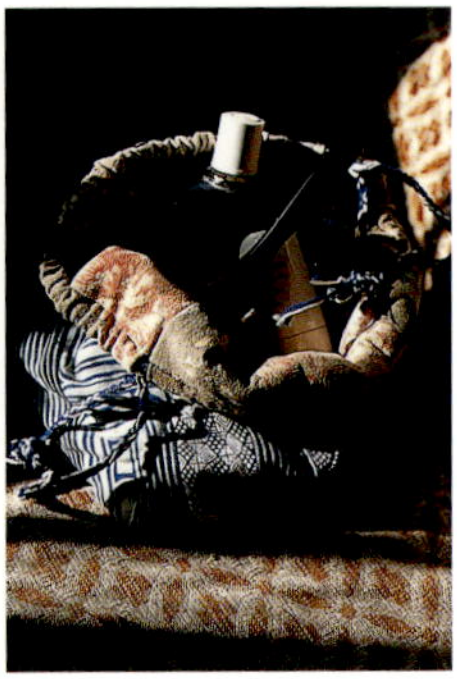

［上］日本の布をパッチワークし、
ローマで仕立ててもらったベスト。
［左］クロスステッチの眼鏡入れ。

［上中］浴衣地と藍染の布の巾着は化粧袋。
［上左］猫の王とお后の図柄のアップリケのクッション。
［左下］絹地に手描きしたスカーフ。
バルテュスの好きだった市松模様や、パレットの図柄。

バルテュスへの贈りもの

Les cadeaux pour Balthus

贈りものの歓び

Le plaisir à faire un cadeau

［左］木綿絣のちゃんちゃんこ。
裏地は真っ赤なフランネルで。
［上］バルテュスは、ちゃんちゃんこを洋服の上からも着ていました。　写真提供＝著者

［上］詩画集を入れる布貼りの箱。
題字はビーズ刺繍。
［左］詩を選んで専門家に書いて
もらい、挿絵を施した詩画集。

春美への贈りもの

Les cadeaux pour Harumi

［上の2点］
春美の愛猫ニシィモンを
描いた木箱（30×50cm）。
千代紙を貼った蓋の裏には
お祝いのメッセージ。

［下右］「竹取物語」の絵草子。
［下左］動物たちが主人公の創作童話。
娘に日本の物語と美しい日本語を語り伝えるために。

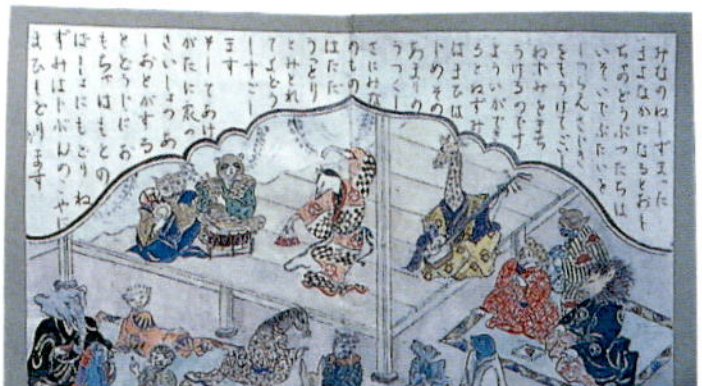

張り子で作った指人形たち。何度も人形芝居を楽しみました。

聖夜の祈り

樅の木の飾りつけに心躍るひととき。
長い年月の間に少しずつ買い足して
集めたオーナメントには、
たくさんの思い出が宿っています。

すっかり雪の中に埋もれたグラン・シャレの聖夜は、心をこめて樅《もみ》の木を飾りつけることから始まります。ろうそくの灯に祈りを込めて、すべての人と喜びを分かち合う美しい夜でもあります。

古代社会の儀式の多くに共通していることは、大自然の移り変わりとの密接な関係です。冬至を過ぎ、日が長くなり始めるその時に、巡り来る太陽の光のありがたさを感じるのは、太古の人も今の人も変わりがありません。世に光をもたらす救世主としてのキリストの降誕祭が12月25日なのも、自然の摂理を踏まえ、宗教と結びつけたことから、とうなずけます。

樅の木を飾ることは、キリスト教が広まる以前にも、各地で見られた風習でした。木を室内に入れて行う儀式の起源は、古代エジプトまでさかのぼることができます。記録によれば、古代

［右］ツリーの枝には直接たくさんのろうそくを灯します。オーナメントがまばゆく輝いて。
［中］お祝いの食卓には銀の燭台を。祝宴の後は、銀のろうそく消しで1本ずつ灯を落としてゆきます。
［左］周りの山々も、ロシニエールの村も、聖夜にふさわしくすっぽり雪に覆われて……。
教会の鐘の音が厳かに響きわたる夜。

ローマでは、常緑の葉を持つ松の木は再生の喜びの象徴だったといいます。僧侶が森の中に入り、松の木で特別な飾りをしつらえ、社で式典をあげていたのだとか。日本でお正月に松飾りをするのも、同じような理由からかもしれません。

日本の門松やお供え餅の飾りは端正が好まれますが、西欧では、樅の木にたくさんの飾りを吊るして、できる限り豊かに見せます。オーナメントの主なものは精巧な吹きガラスで、種類も多く、作りはたいそう凝ったものになっています。

バルテュス亡き後は、毎年、私と春美で、ご両親を亡くした子どもたちや身寄りのない方々を招いて一緒に樅の木を飾り、晩餐をともにしています。

家族だけでなく、他人をも愛し、世界の平和を願うクリスマスの日を、毎年、大切に過ごしたいと思っています。

香りを纏う

［上］モロッコのバラの花は香油やバラ水の原料。
メディナ（旧市街）では山盛りのバラが売られ、
香り立っています。
［下］グラン・シャレの洗面所には手作りのポプリを、
小さなかごに入れて飾ります。
優しい自然の香り。

［左頁右］化粧棚にずらり並んだ愛用の香水。
［左頁左］フェズの香料店にて。
エキゾチックで純朴な香りに
すっかり魅せられて……。

香りのあるものはなんであれ、日々の暮らしに取り入れるようにしています。たとえば、玄関の小間に季節の花を生けて、香りでお客さまをお迎えしたり……。

ロシニエールでは、長い冬が終わると、村の子どもたちが家々を訪ねて山野で摘んできた花束を売り歩きます。幕開けは、4月の野水仙。子どもたちを喜ばせようと、ついつい、たくさん求めてしまいま

すので、家の中はまるで野水仙の野原のように。それからの季節は、リラ、ショウブ、ボタンと、次々に続く花で、香りのしつらえを楽しむことができます。

7月には庭の女王、バラのおなり。グラン・シャレの庭に小さなバラ園をつくってから、もう20年ほどになります。美しい名のものや変わった香りのものなどを集めました。心を澄ませて聞香《もんこう》すると、どのバラにもかすかにリンゴのにおいがするような。そういえば、リンゴはバラ科に入るのでした。スミレの香りのするバラもあります。私の大好きな「美しき愛」という名のバラは、一度咲きの野バラに似て八重の小さな花をつけますが、その香りはとりわけ素晴らしく、愛の吐息のように官能的……。

自然の香りだけでなく、香水にもこだわっています。これまで愛用していたものは欧米のものがほとんどでしたけれど(ディオールの〝ディオリッシモ〟に始まって、シャネルの〝ボワ・デ・ジル〟やゲランの〝ジッキー〟など)、アフリカ各地を旅する機会を得てからは、香油に興味を持ち始めました。エジプトの「ハス」、「琥珀」、「白ジャコウ」やモロッコの「杉」、「バラ」、「橙」など。その地の市で求めたものばかりです。量り売りで、それぞれ小さなガラス瓶に入れてくれます。昔ながらの香油は、洗練された技巧でつくられる現代の優雅な香水に比べますと、素朴で純粋。その妙味にすっかり魅せられてしまいました。古代社会では香りが「祈り」と深く結びついていたといいますが、香油がその源を思い起こさせてくれるせいかもしれません。

最近では、和の香りも楽しんでいます。先年、日本へ行った折に京都でお香用具を取り揃え、以前、叔母から譲り受けた香炉も実際に使うようになりました。もっぱら西洋と中近東の香りに馴染んできましたので、純粋な和の香りは新しい発見でした。絢爛豪華な世界から、侘び寂びの世界に入っていくような……。

香りは、心を豊かにしてくれる、魔法の妙薬ともいえましょう。

新年を寿ぐ

元旦の食卓。鱒の燻製、イクラをのせたカニかまぼこ、
花形にカットしたトマトにマヨネーズのサラダを詰めて。
お椀にはコンソメスープ。ウオツカをおとそ代わりに。

大切にしまっておいた漆器類は
祖母から受け継いだもの。
少女のころのお正月が懐かしく思い出されます。

[上]実家の家紋の入ったお重。
[左]手描きの年賀状。干支を描きこむのが楽しみ。
戌年のモデルは愛犬ズッピー。

日本では、お正月は1年を通じてもっとも盛大なお祝いでしょう。

欧州では、新年よりもむしろ、年越しの時を大勢の友人と共に楽しく過ごします。シャンパンの杯を酌み交わしたり……。私がイタリアで生活を始めた60年代には、ローマの街にも大みそかの独特な風習がまだ残っておりました。それぞれの家庭で、もう使用する必要のない品物、壊れた物などを窓から投げ捨てるのです。そこには、不幸を捨てて幸せを招いてから、新しい年を迎えるという意味がありました。当時、バルテュスが館長をしておりましたアカデミー・ド・フランスは、ルネサンス時代の大きな館・メディチ館にあって、当館に滞在して芸術家を目指しているフランス政府給費留学生たちと共に新年を祝うのが習わしでした。真夜中を過ぎますと、街中のあちらこちらの家の窓から、盛んに物を投げ落とす音が聞こえてくるのです。私たちが集まっている2階の広間から街路までは10メートル以上の高さがありましたが、ここの窓からもギリシア・ローマ時代の石像模刻の失敗作などが投げ落とされます。ヴィーナスやアポロンが落下して粉々になり、街路は散らばった白い粉で霜の降りた夜道のようでした。やがてこの風習は、危険であるという理由で取りやめになりましたが……。

初日に照らされて、周りの山々がまぶしく輝く新年、和食器を取りそろえ、敷地内の松の小枝を折って、千年のみどりを室内に飾ります。グラン・シャレに美しくしつらえられた日本のお正月。

日本の新年には、お正月の間だけ使われる「初日」、「初詣」、「若水」……といった言葉に、そして生活のすべてに、再生を寿ぐ息吹がみなぎります。日本ほど、新しい年を迎える意義を感じられる国はありません。地球上の万物を生み出し育むエネルギーを尊び、お日さまを拝む精神には、自然を崇拝する、人間の謙虚さが表れているのではないでしょうか。

サロンのコーナーは観世水の模様のある竹花入れに、
松の小枝と柳などを飾るのが習わし。
背後の衝立はインドのもの。

春は忍び足で

[右頁]4月、あでやかに咲き誇るチューリップを
娘・春美とともに摘みます。
右下の毛皮?は、まどろんでいるズッピー。
[左頁]ムスカリの鉢植えを春の食卓のアクセントに。

［上］バルテュスと京都・北野天神の市で見つけた古い内裏雛。毎年、雛月が近づくと、「人形の間」からサロンにお出まし。
［下右］テーブルクロスの色と花の色の調和を考えて。
［下左］野水仙は春の訪れを告げる花。まず玄関に生けて、お客さまに香りのおもてなし。

スイスの山はよほど居心地がよいのか、冬の滞在は長く、日延べが繰り返されるのが常のこと。ですから、春の訪れを待ち焦がれる気持ちはつのる一方で、「ふる雪の空に消ぬべく恋ふれども逢ふよしなくて月ぞ経にける」の柿本人麻呂の歌にも通ずる心境に陥ってしまいます。

3月になると、陽光はようやく暖かさを含みはじめます。晴れた日には、まだ肌寒い空気を突き抜けて届くぬくもりに少しでもあやかろうと、つい窓辺に身を寄せるのです。

この頃、庭にはユキワリソウが清らかな純白の顔をのぞかせ、春のかすかな気配を伝えます。それでも一夜明けると、また吹雪になったりすることも。雪の羽根布団をかけられ、一面の銀世界と化した山野。草木はみな、再び深い眠りに誘われて。「まあだだよ」と遠のいてゆく春……。

［下］3月から4月にかけて、
サロンやダイニングに入る日差しが
ゆっくりとぬくもりを増していきます。
［左］庭の花々が競って咲き進み、
まるで交響楽を奏でるかのように輝く5月。

春は
忍び足で

Le printemps vient à pas de velours

けれどこの雪も、ひとたび青空に太陽が現れると、ゆげを立てて瞬く間に消えてゆきます。そうすると今度は、ようやく綿帽子をはねのけたユキワリソウが、サクラソウやクロッカスと連れ立って、元気な姿を現します。

かと思えば、また雪……。近づいたり遠のいたり、ロシニエールの春はゆっくりと、ゆっくりと訪れます。

こんなふうに冬の冷気に何度も襲われながら、徐々に暖かさの増してくる山の3月。そしていつのまにか、スイセンやムスカリの花もほころんで……。雪ののれんを透かして眺める花の舞。まるで、愛想のよい便りを寄越すだけでなかなか姿を見せることなく、せっかくの逢瀬にさえ、そそくさと朝帰りする中世の男君のような春なのです。

室町時代の歌謡、「来ぬも可なり 夢の間の露の身の 逢ふとも宵の稲妻」を心に秘めて、桃の花をまぶたに浮かべ、あでやかなお内裏さまの前で言祝ぐ雛節句。

第2章
着物つれづれ

幼い頃やお茶やお花の稽古を除きますと、
着物を着る機会も、関心もほとんどなかった私です。
それが日本でなく外国にあって、
いつのまにか着物との関わりが
これほど深くなってしまいました。

さわやかな綸子の着物は叔母から譲られたもの。
帯は綴れの袋帯。
この装いは、お客さまを招いてのお茶の時間に。

バルテュスは着物をこよなく愛し、
自身でも紬や大島を室内着として
よく着ていました。
写真提供＝著者（この見開きすべて）

着物との出会い

私の高校時代（昭和33年頃）までは、東京でも和服姿の女性を多く見かけました。祖母の世代の女性はほとんどが和服を日常着としていましたが、母の世代になると洋服中心になってきていました。私の子供時代には既に洋服を着るのがごく自然になっていて、和服はお正月やその他の儀式の折に着るだけ。日々の生活の中では遠い存在でした。ですから、それほど関心を持っていなかった〝着物〟を改めて認識したのは、なんといっても夫バルテュスの影響です。

１９６２年夏、バルテュスはその翌年パリで開催される日本古美術展の作品選定のため、時のフランス文化大臣アンドレ・マルロー氏の使者として来日。京都、奈良へ旅行をしていました。夏休みを大阪の叔母の家で過ごすのを恒例にしていた私は、当時20歳の大学生。たまたま、朝日新聞社の辻豊氏が、私が美術に興味を持っているのをご存知で、国宝級の作品が見られる良い機会だから……と特別に、バルテュス一行に参加できるよう取り計らってくださったのでした。

バルテュスが寝室の枕元に
ずっと飾っていた写真。
20歳の頃。

着始めた頃は、ひとりで帯も結べず、
バルテュスが何度も手伝ってくれました。

8月1日、京都ホテルのロビーが初対面の場所。後の私の人生を定める出会いでした。同年の秋、ローマの日本文化会館開館式に招待されて渡欧し、5年後に結婚しました。そして、ローマのメディチ館での生活が始まったのです。

　バルテュスは口癖のように「日本人はどうして自国の素晴らしい衣装をもっと大切にしないのか。あの美しさを日々の暮らしに活用しないのは本当に残念だ」といっていました。私が着物を身につけはじめたのは、その素晴らしさを自覚する以前に、夫の要望に少しでも答えたいという気持ちが動機となっていたように思います。

　日本の祖母や母も、それは大喜びして、あれやこれとローマに送ってくれました。社交着用の訪問着、付け下げなどのほか、バルテュスは渋い紬なども好みました。彼が日本で私のために選んでくれた着物は、源氏車文の大島紬［98頁下中］。画家として、女性の美に人一倍敏感で、常に鋭い視線を投げるバルテュスのもとで、そして、メディチ館で毎日のように世界

10代の頃は、お茶やお花のお稽古や
お正月しか着物には袖を通しませんでした。
着物のよさを知るのは、後のこと……。

懐かしい母の着物姿。
普段は洋服を着ていることのほうが
多かったようです。
写真提供＝著者（2点とも）

からの文化人をお迎えするという恵まれた環境の中にあって、私の中に着物への思いが芽生えて根を張り、大きく育まれていきました。

　最初のうちは帯を何度も締め直すため、お太鼓を持つ手が疲れてしまったり、どうにもうまく結べなくてバルテュスに手伝ってもらったりしました。今では懐かしい思い出です。ローマのフランス大使館、ファルネーゼ宮殿の宴会では、帯締めが緩くなっていて、お太鼓がだらりとたれてしまったこともありました。旅に出て帯枕を忘れてしまい、名古屋帯を背に大きく吉彌《きちや》結びのように結んでパーティに出席したことも……。いろいろ失敗もしました。

　着物は、たとえ失敗しても、まずは着る回数を重ねて、自分の体の一部のように馴染ませることが、美しい着こなしのこつなのではないでしょうか。

撫子模様の思い出

「あのね、きれいなお花がたくさん咲いている透きとおったお着物、また着たいの。どこにあるの？」。何度もせがんだ、私と着物のいちばん古い思い出。たぶん5～6歳の頃だったと思います。母や祖母は決まって「またあの絽の撫子模様の着物のことなのね。赤ちゃんのときのだから、もう小さくて着られませんよ」と答えるものですから、そのたびに淋しい思いをしました。可憐な花が飛び散っていて、身につけたとき、まるでお花畑の中にいるような夢心地がしたことを、はっきりと覚えていたのです。

時は下って上智大学2年生の4月、交換学生の一人として、東南アジアの国々へ船で旅することになりました。訪れるのは真夏の暑さの南国、6人の女子学生と7人の男子学生。合計13人の団体でした。

女子学生は皆、着物を持参することになりましたが、当時、私は夏物を持っておらず、新調する時間もありませんでした。祖母と母が友人知人に声をかけてくれて夏物探し……。ようやく見つかって譲っていただいたのが、やはり絽の着物で撫子模様。白地に臙脂《えんじ》と桜色の大きな花弁が全体に飛んでいる大胆な柄行《がらゆき》のものでした。帯は紗の濃い赤色に銀糸の刺繍のある拝借物。小物も全て揃ったのですけれど、次の難題は着付け。それまで和装の時は必ず美容師さんが家に出向いてくれて着付け、髪結い、お正月であればお化粧まで全てお任せするのが常でした。稀に手を貸してくれた母も、「人に着物を着せるのは、こんなに難しいものかしらね」とため息していました（後にスイスで娘の春美に着物を着せたとき、人への着付けは自分で着る以上に大変と、つくづく実感しました）。私はこの旅で、初めて着付けをしたのです。最初は往路、10日間過ごした船上で。2度目はバンコック大学の校庭で野点のお茶をご披露したときに。お互いに助け合って何とか身につけましたが、出席されたタイの方々から、なんて素晴らしいのでしょう、と口々に褒めていただきました。他国の民族衣装と比較しても、着物は特別に美しく見えるものだということを、初めて意識した機会でもありました。

最近では、撫子模様の着物をほとんど見かけなくなってしまったのが残念です。「大和撫子」といえば、昔から可憐でけなげなところのある日本婦人の美称でした。時代の変遷とともに女性のイメージも変化し、さまざまな分野の仕事で先頭に立って、責任を持つ立場の女性が多くなっている現代です。そのような女性たちにこそ、大和撫子を偲ばせる雰囲気をどこかに保っていてくださいね、と願います。

受け継いでゆく着物

祖母から、母から、友人から

母に譲られた着物。落ち着いた色合いに金箔、銀箔でモダンな文様を置いた訪問着。

叔母に譲られた着物。錆群青の地に虹色が効いた紬の訪問着。
漆の袋帯を合わせて。

祖母の黒留袖と丸帯。
大切に着て、娘に伝えたい一枚。
裾の模様が不思議にも
グラン・シャレの庭にある古木にそっくり。
撮影＝武田正彦

日本には〝形見分け〟という美しい表現があり、身内や友人が故人の着物を譲り受けてゆく、ゆかしい風習が存在します。

祖母の留袖［右］は父が92歳で亡くなるまで東京の自宅に大切に保持していた着物で、父の死後、寝室の箪笥の中から出てきました。同時に、東海道五十三次が織り紋になっている丸帯［右、89頁下右］が、香りがあるかないかの匂い袋とともに納めてある畳紙も見つかり、祖母と父、二人のお形見のような気もします。

この留袖は、仕立てられてからどれほどの年月が過ぎているのか、もう尋ねる人もなく……。スイスの我が家の庭にある松の古木そのままを写し取り、刺繍してあるかのような錯覚を起こすこの模様、私が特別に誂えた品であるといってもおかしくない趣向です。

母は若くして亡くなり、私はずっと外国に住んでおりましたから、母の着物はどこにいったのかわからなくなってしまって、手元には少ししか残っていません。そのうちの、青みを帯びた利休鼠の地に金、銀の箔で丸と三角文を置いた訪問着［82頁］は、これを着ていそいそと外出していた母をはっきり瞼に浮かべることができる、特別に愛着のある着物です。どこか大正浪漫の雰囲気を漂わせていた華やかな顔立ちの母でしたが、着物は地味好みでした。

渋い色調の小紋［99頁左上］は、母が初めてイタリアのメディチ館に私たち夫婦を訪ねた折に持参したもの。共にフィレンツェへ旅し、ピアニストの原智恵子さん宅での昼食に着ていた袷《あわせ》です。

母に代わって私の着物の世話を受け持ってくれた叔母からは、何枚も着物を譲り受けました。父の弟嫁にあたるこの叔母は長身で足が長く、叔父の好みもあり洋服を着ていることが多い女性でしたが、社交着としての着物はたくさん持っていました。叔父が造船関係の仕事をしていた関係で外国居住生活も長く、日本でも外国人とのお付き合いが多かったためです。自分の好みに合わせて、おしゃれな感覚を生かした着物を誂えていました。叔母の着物はどれも、今の時代でも思いがけないほど斬新な趣向のものが多く、美しいものとは永遠性を持つものだと、改めて感嘆してしまいます。

叔母から譲り受けた着物のなかで、最近、特に愛用しているのが銘仙の普段着［87頁左］です。叔母はこれを若いときに着ていましたが、西洋におりますと、柄や色が派手な着物であっても、年齢とは関係なく身につけられますので便利です。岩紫紅《いわしこう》地に浅黄群青色の縦の木とうす色の家の模様が織り出してあります。銘仙の面白さは、地味な色調の地に思いきり艶やかな色合いの模様付けが入っているものが多いところでしょうか。その大胆さは、現代絵画にも優るとさえ思えるのですけれど。

トルコ石色の綸子地に黒線でさらりと流水が描かれている訪問着［115頁上］も、叔母好みの独特な発想で誂えたもの。日本の伝統的な意匠の現代性には驚かされるばかりです。この、ひときわ目立つ柄行の着物に、地紋のある無地の黒の羽織を合わせると、とてもシックな装いになります。

〝大刈り込み〟と名のある訪問着［左下］も叔母から譲り受けました。黒地に、肩と裾に山吹色の大胆な模様があります。金色を使用しなくても、山吹色が金色に相当する迫力を持ち、しっとりした輝きを放っています。正式な席で着ますが、帯を替えるとおしゃれ着としても楽しめます。

白地の綸子［77頁］の細かい花瓶繋ぎ文は、華やかなかわいらしさがあり、カクテルなどの気軽なパーティにぴったりです。

茶白地に、吉祥雲に松竹梅の刺繍入り訪問着［91頁］は、ここ数年、お正月三ケ日のうち一日は必ず手を通す着物です。1年のうち、ある時期にだけ着用する着物が存在するのは、日本人独特の感性ゆえかもしれません。自然を尊び、観察するのを大切にしていた長い歴史の賜物なのでしょう。

白地に紫の線描の屋根模様［89頁上］は、先日、知人の新築祝いの夕食会に着て行きました。渋い色合いの雲模様［88頁］はお昼食会などに。また蛇の目傘文様［8頁］は地の薄群青が清らかで、うっとうしい雨の日に袖を通すと周りがさっと明るくなるようで、着る人の気分をさわやかにする着物。表裏が濃紺と珊瑚朱の単衣《ひとえ》［86頁左2点］は若いときは朱のほうを、今は紺地を表に仕立て直して着ています。錆群青の地に虹色の横段の紬の訪問着［83頁］は、地が紬ですので仰々しい感じがしなくて午前の儀式用にもなりますし、着やすい着物。どんな予定がはいるかわからない旅に出るときには重宝する一枚です。この他にも、叔母からはたくさんの着物を譲り受けました。そして彼女の磨かれたセンスは、後に自分自身で着物を選択する機会や自らデザインするときの大きな道しるべともなったのです。

叔母から譲られた訪問着〝大刈り込み〟。

白の大島には大胆な意匠の紅色の帯を。
帯揚げ、帯締めも紅で合わせて。

若いときはオレンジ色[右]を、
今は紺地を表に仕立て直して着ている単衣。
これも叔母から譲られた一枚で、
珍しく両面使いできるもの。

やはり叔母に譲られた銘仙に
半幅帯を合わせて。
地味な地色に艶やかな図柄が銘仙の魅力。

叔母に譲られた大島。
大島は、しわになりにくく
手入れもしやすいので
普段着や旅行着に重宝しています。

身内からでなく親友からいただいた着物もあります。15歳のときからの友、奈美ちゃんは芦屋にお住まいなのですが、阪神大震災で、ご家族の皆さまと愛犬、皆が事なきを得たことが、その後の彼女の生き方に大きな影響を与えました。一家揃って生き延びられた幸いに答えようと、以後は少しでも世のため人のために尽くして生きるという決心をなさり、身のまわりには必要最低限の品のみ残して、他は全て処分してしまうことにされたのです。ある日、そうした心境をしたためた心温まるお便りとともに、奈美ちゃんの着物がスイスの我が家にどっさり届きました。薄桜色の大島［92頁下］、結城紬、麻のおしゃれ着、見事な刺繍の袋帯など。どれを手にしても、典型的な日本美人である奈美ちゃんの面影を写す優雅な衣装ばかりなのです。

雲形の渋い色合いがいかにも日本らしい付け下げの着物。お節句など家でのお祝い事や気取らない午餐会に。

学生時代からの友人、東洋子《とよこ》さんは、広い交友関係から、蔵出しの由緒ある着物や帯を見つけてくださいます。私の好みをよくご存知で、虫籠が丹念に刺繍されている格調のある夏の袋帯［92頁上］、今はもう技巧的な再現ができない江戸小紋［109頁］など。お草履、半襟、袋物なども、はっとする面白みのあるものが届きます。

一枚の着物を代々引き継いでゆけるの

は、染み抜き、洗い張り、染直し、仕立て直しの作業が、着物文化の根底にあるおかげなのです。最近、祖母の夏帯［下左］が再生できたとき、改めてこのことを実感しました。錆茶地に光琳松模様、その色も黄とトルコ石、祖母がよほど気に入っていたのか、隅々からほつれて糸が垂れていました。私もこの帯がとても好きで、もうこれ以上使用できないほどの状態になるまで愛用していました。それを目にしたある友人から「浅草の加賀屋さんだったら、きっと上手に直してくれますよ」と薦められてお預けしたのでした。そして、少し帯幅は狭くなりましたけれど、帯芯を新たにして見事に蘇えったのです。

着物や帯は、工人の熱気に抱かれて生まれ育ち、着用する人からの愛を受けて大切にされ、年を経てゆきます。着物は、着る人を美しくし、幸せを与えるという「着《き》」（気）を秘めているように思えるのです。

紫で屋根の重なりを文様にした付け下げ小紋は、ちょっとしたお招きに。

すべて祖母から譲られた帯。
[右]東海道五十三次を織り出したもの（右）。
[左]夏の絽の帯。ボロボロになっていたのを浅草の呉服店で直してもらいました。

叔母から譲られた綸子の小紋。
袋帯は母が使っていたもの。

祖母から受け継いだ綸子の訪問着は松竹梅のおめでたい柄。
新年に必ず袖を通します。

愛らしい虫かごの刺繡が見事な
夏の絽の帯。友人から贈られたもの。
無地の着物によく映えて、
パーティに愛用。

親友から譲られた淡い桜色の大島に
半幅帯を締めて。

着想

デザインする

初めてデザインした片身替わり。
大好きなこの意匠は、
左右に異なる色や柄を使ったり、
上前・下前に文様と無地で変化をつけたりと、
無限の組み合わせが考えられるのが魅力。

バルテュス亡き後は、以前より日本に帰る機会に恵まれるようになりました。ですから、自らの目で確かめて着物を選ぶことが思うようにできなかった昔に比べ、選ぶのみでなく、デザインして誂える楽しさまでも味わえるようになりました。

数年前、〝きもの〟雑誌社からの取材の企画の中で、私が着物をデザインするという提案が持ち上がったときは、喜びで胸がいっぱいになり、少女のように小躍りしたものです。

まず頭に浮かんだのは、片身替わりの意匠でした。昔から古画や浮世絵の本で眺めるたびに、このような意匠の着物が欲しい、と夢見ていました。片身替わりの特徴は、空間の中における一塊の人の姿を縦半分に割ってしまうという思いきったデザインであることです。大胆に強調された装飾性と、纏う人の動きにより流動性を加える、素晴らしいアイディアだと思います。

いろいろな組み合わせを思い巡らせたあげく、色違いの縞模様に決めました。

自分でデザインするから味わえる醍醐味。
［上右］絓引きと江戸小紋の千筋の組み合わせ。
［上左］シックな地を蓮花文様の縦縞が引き締めて。
ともに銀座・一穂堂作。

［上］白地の塩瀬の端布に描いた猫のピットピット。
友人に贈ったところ、付け帯にして愛用とのこと。
［左］敦煌壁画から着想した名古屋帯。
銀座・一穂堂作。

まばゆい緑の紗は、モロッコの瓦屋根をイメージして染めたもの。地紋には愛らしい蛍が飛んでいます。

さまざまな縞を水彩で紙上に素描し、何枚もの見本を作成して、その中から3点ほど選んで日本に持ってゆきました。紙と布では色彩や質感がかなり違うのが気がかりでしたけれど、京都の染色作家、堺映祥氏にお会いし、ゆっくりと、子細に渡って話し合えたことは幸運であり、貴重なひと時でした。出来上がりを目にしてみると、望んだ以上の美しい仕上がり［93頁］。堺氏の熟練された運筆の手描き縞、見れば見るほど味わいの出てくる名作で、心から感謝しています。

その後、機会があって、〝銀座・一穂堂サロン〟でも着物を2枚デザインしました。その時も、やはり片身替わりを選びました。上前を薄抹茶色の絓《しけ》引き（櫛状にそいだ絓刷毛を縦横に走らせて二度染めし、繊細な格子を染め出す方法）で染め、下前に岩鼠色の江戸小紋千筋を組み合わせたもの。柄が奇抜なので、しっとりとした渋い色の組み合わせで、シックな着物にしました［94頁上右］。もう一枚は吉野格子の地紋を織り出した生地に、絓引きで薄墨色に黒色を重ね染めし蓮花文様の縦縞一筋を右袖と身頃左側に通したものです［94頁上左］。縞は銀の焼き箔（金銀の箔をところどころ剝がれたように見せて、擦れた味わいを出すもの）で置いたもの。こちらも素晴らしい職人さんのおかげで、品格のある仕上がりになりました。この黒地の着物に合わせて名古屋帯も作りました［94頁下左］。敦煌の壁画の本を見て思いついた柄です。石畳くずしの幾何学文で、トルコ石色、錆茶、薄墨の3色を主色に、更紗の手法で仕上げました。手描きの妙味が見事に実現されています。

モロッコ、フェズのメディナにて。民族衣装〝ジュラバ〟を着た女性。

異国の光景から、デザインを思いつくこともあります。数年前、モロッコの古都フェズで毎夏開催される「国際神聖音楽祭」にご招待を受けて、3年ほど続けて出席する機会がありました。この世界文化遺産の街を訪れる人はおそらく誰もが、その圧倒的な美しさに何らかの閃きを授かる……それほど強烈な衝撃を受ける街なのです。フェズは世に稀なる工芸の都。焼物、木彫、金彫、刺繍、手織、革製品、絨毯、それぞれ名人がいる手仕事の街でもあります。丘の上から街を眺めると、所々に緑色の瓦屋根が並んでいるのが目につきます。95頁の緑の紗は飛び蛍文。フェズの瓦の色を模して染めました。

メディナ（旧市街）に入ると土地の人々はほとんど民族衣装〝ジュラバ〟［上］を着ています。お年寄りの女性でも、七五三の女の子の振袖にあるような、濃い牡丹色などを身につけていて、それが周りの青や緑色のタイル模様の建物によく調和するのです。その艶やかな色の雰囲気を和装で表したら、と思って誂えたのが、長襦袢の濃い桃色が透けて見える薄水色の紗［左頁］でした。

清涼な水色にお色気添えて、六十路《むそじ》の情《こころ》、お相伴する着想。

薄水色の紗は、ピンク色の長襦袢が透けて映えることを念頭に置いて、長襦袢も一緒に誂えました。

着物と帯

おしゃれ着 およばれ着

アジアの布を着物に仕立てて。銀糸の入った帯と組み合わせると、およばれ着に。帯締めは灰色と黄色の2本を結び合わせて帯留のように（左の写真も同じ）。春秋冬用。

緑の無地紬（101頁と同じ）。おめでたい松竹梅模様の帯と。午餐会などに。春秋冬用。

叔母から譲られた大島に、フジ子・ヘミングさん直筆の名古屋帯。帯留は春美のデザイン。春秋冬用。

バルテュスが見立てた源氏車の大島に、繻子の袋帯。春秋冬用。

パーティなどで着る紗袷に、バルテュスが銀座で見つけた袋帯。5〜6月、9月初旬に。

よそゆき

紫の無地紬（105頁と同じ）。格調のある袋帯との組み合わせで、およばれ着に。春秋冬用。

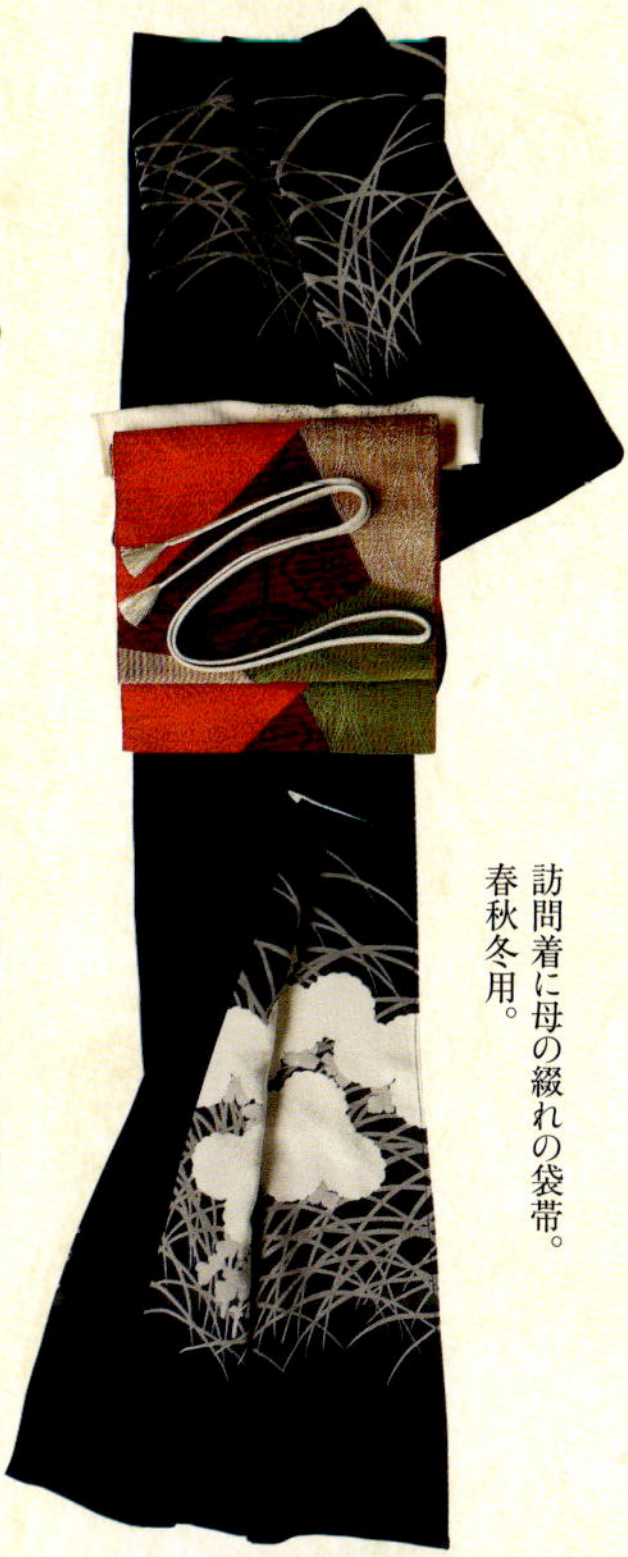

訪問着に母の綴れの袋帯。春秋冬用。

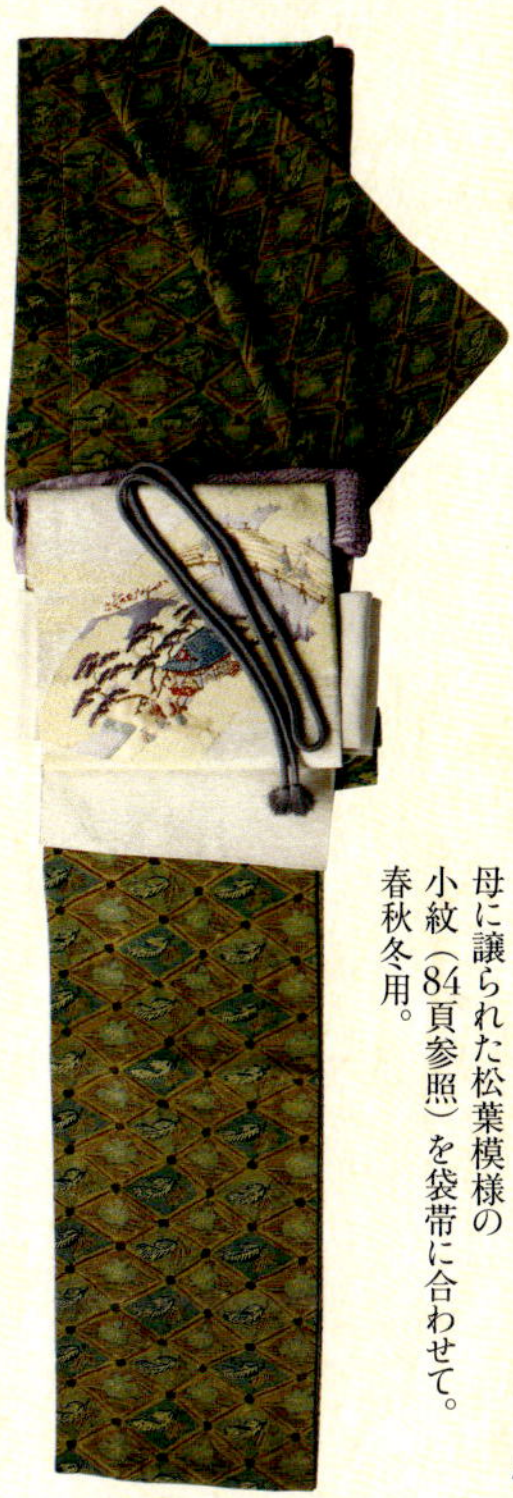

母に譲られた松葉模様の小紋（84頁参照）を袋帯に合わせて。春秋冬用。

松皮菱模様の大島（69頁と同じ）。臙脂の裾回し（八掛）が傷んだので黒に替えたもの。織の名古屋帯に、帯締め、帯揚げも同じ紅で揃えて。

母の訪問着（82頁と同じ）。袋帯と、帯締め、帯揚げも金銀糸入り。春秋冬用。

祖母の留袖（84頁と同じ）に格調高い丸帯。帯締め、帯揚げも金銀糸入り。結婚式や格式ある宴に。春秋冬用。

表《あら》はす情《こころ》

着こなしについて

「着物を着るのは大好きなのですけれど、どの着物とどの帯を組み合わせてよいのかさっぱりわからなくて、困ってしまいます」。パリにお住まいの、ある若い日本女性のおっしゃったこと。今では家庭でのお祖母様、お母様の和服姿は消えてしまい、街中でも着物で歩いておられる方を見かけることが稀になってしまいました。お手本となる和服姿が、日本でも現実の生活から遠のいているのですから、外国で暮らす若い方ならば、このような疑問を持たれるのは当たり前なのでしょう。

私はどうだったかしら……。思い起こしてみると、幼い時代は、たとえ自分では身につけていなくても、着物は生活の一部として、しっかり存在していました。祖母は一生和服で通しましたし、早くに亡くなった祖父も、家に帰れば和服に着替えて碁を打っていたのを思い出します。祖父に連れられてよく散歩をしましたが、そんなときの祖父は、着流しの上にマントを羽織っていました。子ども心に、マント姿って素敵だなあ、と思ったものです。

ほかにも、家に出入りする魚屋、氷屋の御用聞きの方をはじめ、畳屋さん、植木屋さんなど、皆、法被《はっぴ》に脚絆《きやはん》姿でした。今風に言えば、とてもシックな出で立ちだったと思います。町のお店でも、着物にエプロンがけで販売している人、下駄履きに着流しで買い物する若い男性などの姿が特別な眺めではありませんでした。このような経験があるのとないのとでは、着物に対しての感覚が全然違うでしょう。私など、着物にとりわけ興味を持っているわけではなかったのに、記憶の中に存在しているのです。自覚のない記憶の重要さを感じます。

着付けも満足にできないうちに、西洋での生活を始めた私ですが、当初は、母から着物と帯を一揃いにして送ってもらっていましたので、それをそのまま着ていました。いわゆる一般常識的な、よい組み合わせといわれるものでしたが、私にとって、真に組み合わせの師となったのはバルテュスでした。

絵を描き始めるようになったとき、バルテュスから「まず浮世絵を模写するのがよいでしょう。色と色との完璧な調和を学ぶことができますから」と繰り返し言われました。彼自身、夕方アトリエから帰ってくると、浮世絵全集を幾度となく繙いて、自分の絵の参考にしていました。ですから、私は浮世絵の模写をしたり、着物と帯の色の組み合わせ方をじっくり眺めました。

洋の東西を問わず、名画を鑑賞することは、色彩感覚を豊かにする大切な過程です。絵画を通して色の組み合わせを学んでゆくと、この着物にはこんな帯がしっくりくるということがわかってきます。絵画的な面白みをもった美しい組み合わせが生まれ、その人だけの独特の着こなしを作り上げてゆく基にもなるのではな

浅草で誂えた緑の無地紬にフジ子・ヘミングさん画の帯（ともに98頁で紹介したもの）、帯締めと帯揚げは黄色で。庭でのお茶会に袖を通せば、新緑と着物が柔らかに響き合います。

いでしょうか。

　よく「着物を決めてから帯を決めるのですか、その逆なのですか」との質問を受けますが、何のために着物を着るのか、がポイントなのですから、どちらでもよいのです。

　たとえば、私は旅に出るときは色足袋を履くことが多く、緑の柄足袋を履きたいから緑の縞の紬の着物に決めたりします。帯地となる布も、専用の品に限らず、アジア各地からの布を使って誂えたり［122-123頁参照］、風呂敷地を利用するなどして、型通りの趣向を破り、独特な趣のある組み合わせを自由に楽しんでいます。

　パリでピアニストのフジ子・ヘミングさんをお尋ねした折、猫好き同士のふたり、すぐ意気投合して猫談義に花を咲かせました。そして着物もお好きなフジ子さん、「演奏会のときはこうして舞台衣装にもするのよ」とおっしゃって少女のようなあどけない笑顔で、豪華な打掛を羽織って見せてくださいました。そのときいただいた、フジ子さん直筆の名古屋帯は大切な宝物［98頁下右、101頁］。白い塩瀬の地、背にはなんともいえない表情をした薄墨色の猫と黄色のお月様が、帯前には音符とサインが入っているもの。細筆描きの絵は繊細で確かなタッチの作品です。2007年、ロシニエール村で3年毎に開催される「猫の王国祭り」と、バルテュス財団が主催した「猫の神秘」展の折にこの帯を締めて、動く展示品を務めました。この帯は黒っぽい着物にもよく合って、帯揚げ、帯締めは薄い黄色にそろえます。

　帯揚げ、帯締めの小物選びも、非常に大切です。地味な大島紬に渋い色の帯を締めるときは、帯揚げ、帯締めを同じ色にして、目に染む鮮やかな青緑、または思いきり派手な牡丹色などを選びます。地味な着物の美しさを引き出し、派手な小物をしっとり浮き立たせる効果を生み出すことができるのです。着物や帯の柄の美しさに重点を置きたいときは、帯揚げ、帯締めを無地にして、全体の一部であるかのように見せます。さらに、無地の着物に柄のある帯の場合は、帯揚げに帯の一色が入っているものにして、帯締めは着物と同色……と、無限の組み合わせが可能なところが、小物を選ぶ楽しみです。

　帯留は、以前はほとんど使いませんでした。娘の春美が宝石デザイナーになって、帯留を2つ、私にプレゼントしてくれた事がきっかけになり、最近はよく使

九重織の帯締めは、祖母の手作り。中央は七五三のときのもの。

［左］シックなお召しに絞りの帯。
同系色の鮮やかな帯締めと
帯揚げをアクセントに。
［下］スイスの骨董の箪笥（19頁）の
引き出しには帯揚げなど
鮮やかな小物類を入れて。

っています［98頁参照］。絹地と宝石を合わせた春美の作品は、しんなりしたところがあって和装にはよく合います。

国の風土、気候、生活様式と密接な関係を持つ民族衣装。四季のある日本はそれぞれの季節を映して、さまざまな決まりごとが生まれ、着物もその影響を受けてきました。生活のあらゆる面で日本ほど季節感を尊ぶ国も稀だと思います。袷から単衣に、5、6月と9月のためには紗袷、夏は薄物……。我が家にある衣装箪笥一竿には、1年のうち短い期間しか着られない着物と帯を納めています。吉祥文、お正月用訪問着、山桜模様の大島紬、菊の花文付け下げ、お正月行事づくし帯、手描き梅一枝帯……。近くの峯に山桜の白い蕾《つぼみ》が綻び始めると、いそいそと大島を取り出して身につけます。それでも、あっという間に散る山桜、まったく袖を通さない春もあります。薄紫の単衣に青紫の紫陽花の描いてある帯を結ぶ6月。どこにいても、実家の庭に咲いていた、雨に濡れてひときわ美しかった紫陽花に懐かしく思いを馳せて。

春
はるなつ
夏

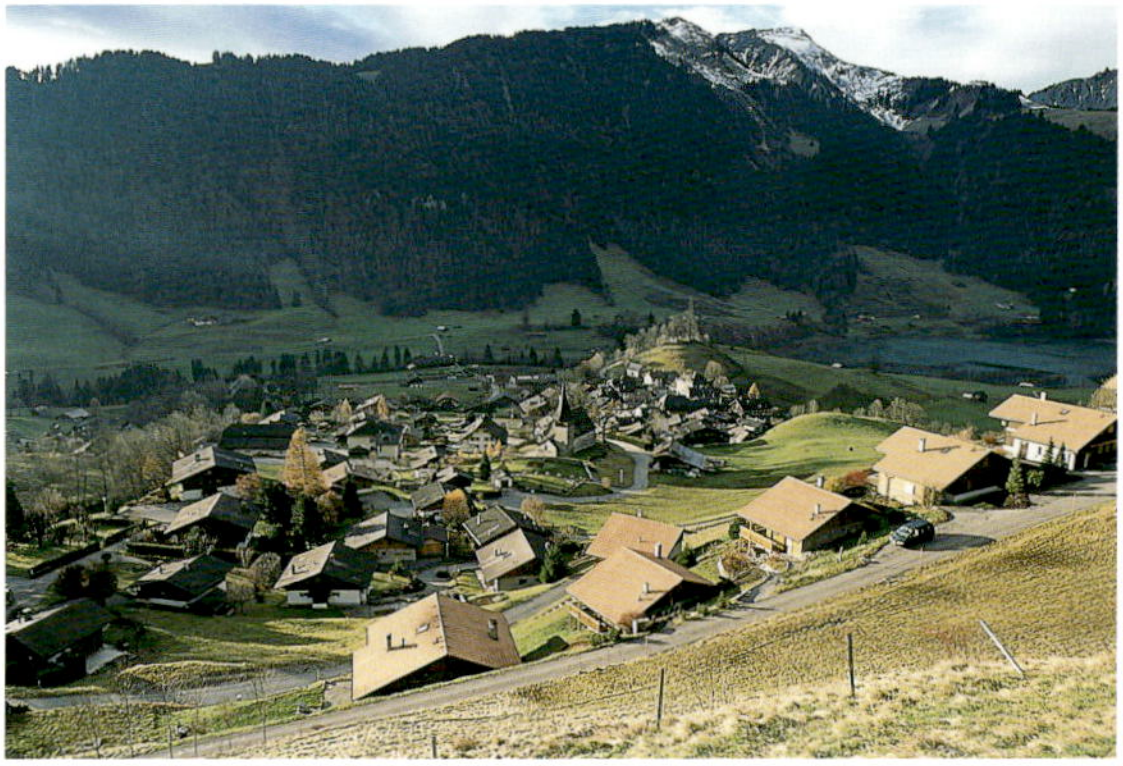

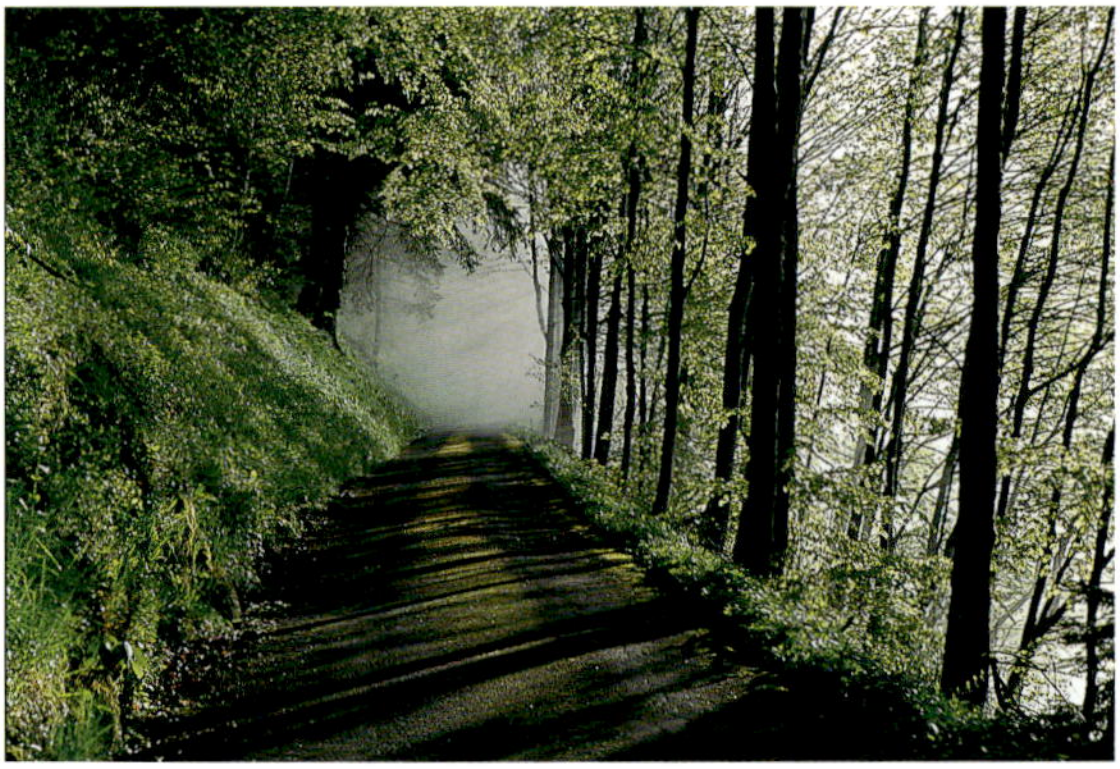

紫の無地紬（99頁で紹介）を、
紫根染めの名古屋帯でおしゃれ着として。
無地は、帯を替えるだけで多様に
着こなせる究極の着物。

春夏《はるなつ》

［右上］夏にふさわしい、ひまわり柄の麻の着物。
［右下］友人からいただいた縞の木綿縮みに、
インドネシアのバティック布で名古屋に
仕立てた帯が映えます。

型絵染の人間国宝・芹沢銈介氏作の単衣。
爽やかさの漂う地色と絵柄がお気に入り。

厩舎の前で。
叔母から譲られた
藍染の麻は盛夏に。

秋
あきふゆ
冬

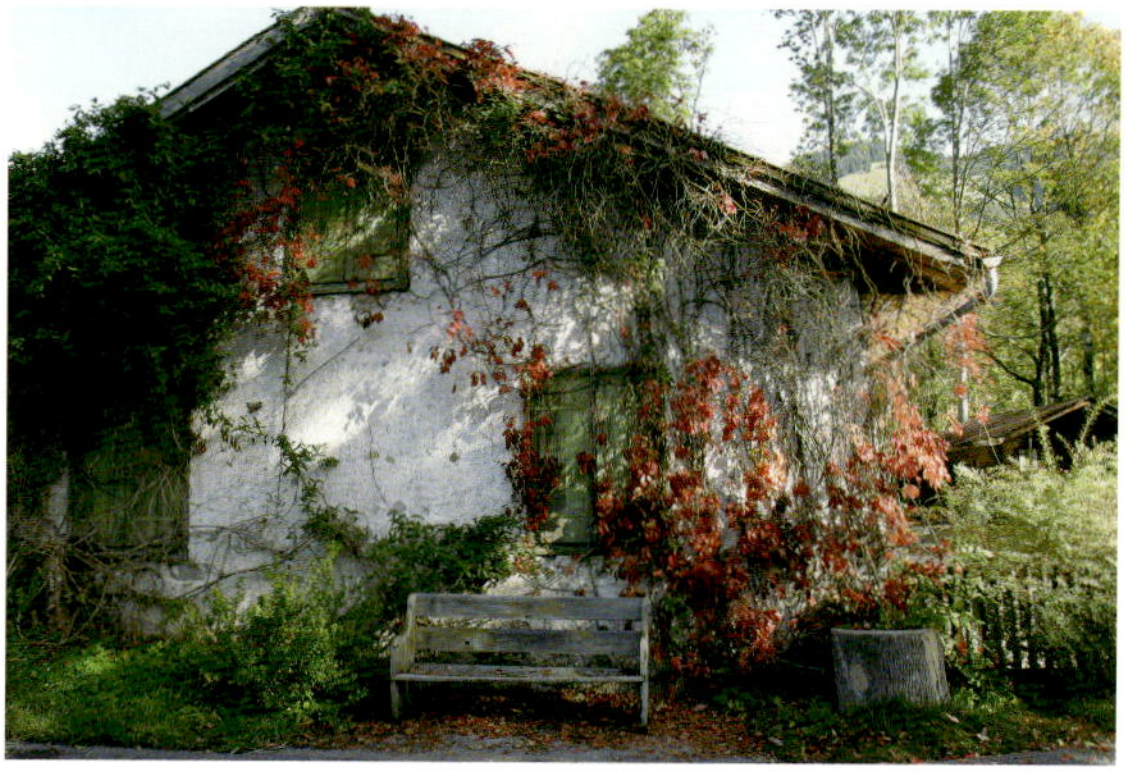

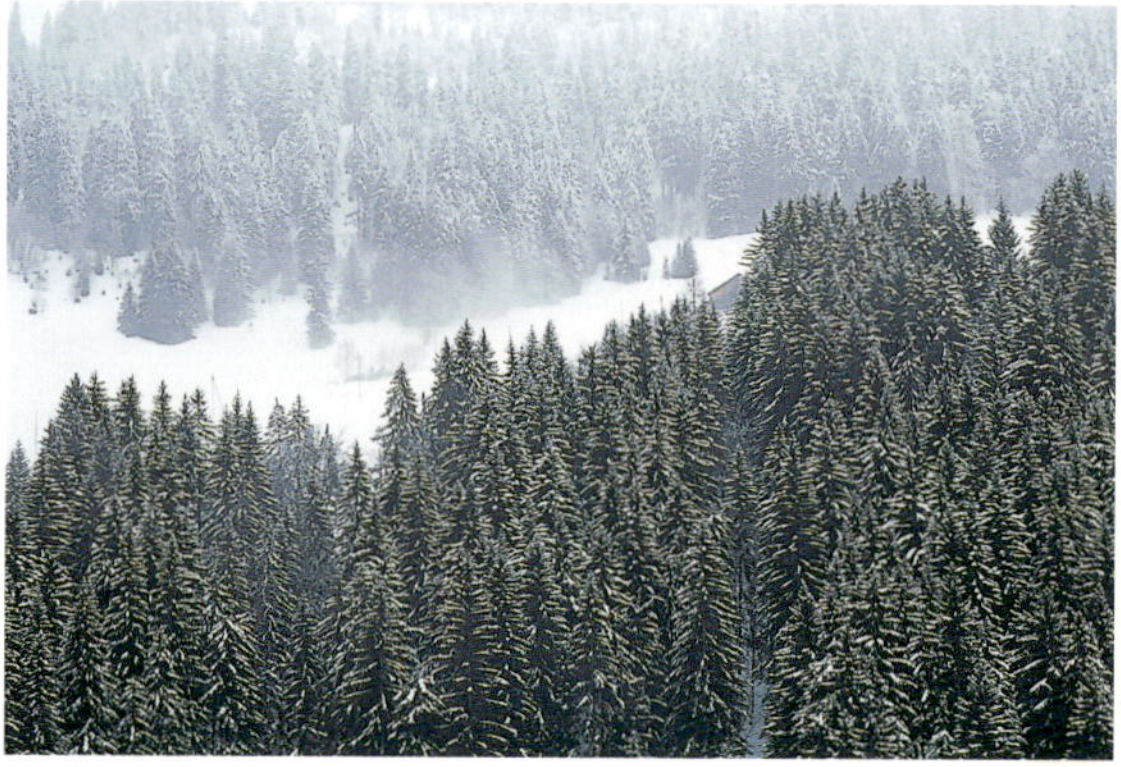

友人から贈られた
落ち着いた地色の江戸小紋。
袖口から艶やかな
古代紫をのぞかせて。

秋冬《あきふゆ》

結城紬は、柄の朱色と
半襟の色を合わせ、
半幅帯も同系色でまとめました。

美しい山を描いた留袖は、叔母から
譲られたもの。祖母の丸帯と合わせて。
先日、友人の結婚式で
初めて袖を通しました。

細い縞柄の羽織に紬の着物で
晩秋の道を行く。
ロシニエール近郊にある
いかにもスイスらしい
屋根のついた古い橋を渡って。

勝新太郎さんから頂いた、
お母様が着ていらしたという、
羽織とお対の大島紬。
冬の日常着として愛用しています。
撮影=武田正彦

ウイットを効かせた着物選び

桜の花びら舞う絽の着物に蝶の帯。
季節を問わず桜を纏う楽しさ。

近郊の町グシュタードで〝マイ・スタイル・ウィズアウト・エイジ（年齢を超えた私の装い方）〟というテーマの午餐会が開かれました。西欧ではこの頃、このようにテーマを設けたパーティが流行っています。このときは、以前、勝新太郎さんが下さった着物で出席しました。いただいたとき、その目の覚めるような華やかな濃いピンク色を前にして、思わず「なんて美しく可愛いらしいのでしょう。私より娘にぴったりではないかしら……」といってしまいました。ためらいがちに手に取って見ている私に、勝さんは「僕が選んだんですから節子さん、せめて一度だけでも必ず手を通してくださいよ」とおっしゃいました。その優しい語調を思い出しながら、初めて袖を通すと、若々しい色に絆《ほだ》され、しばし人生の齢《よわい》を離れて花の齢のカクテルに酔いました。

　2007年の夏、英国人の友人の居城の内庭でシェイクスピアの喜劇「十二夜」が上演されることになり、ご招待を受けました。由緒あるお城〝ハウトン・ホール〟。その広大な庭園は、800頭もの白鹿が群れ遊び、幻想的な美しさを湛えています。観劇の夜に選んだ着物は、黒地に桜の花びらが降るように舞っている絽［右頁］。前にも背のお太鼓にも大きな蝶の舞う夏帯を結んで。昔は夏に桜花模様は考えられない柄行でしたけれど、宇野千代さんは季節を問わず桜花を愛でられたそうで、それから流行っていると友人から聞きました。三割桜は私の実家の紋なので、桜花とは縁のある私。夏の桜は狂い咲き。その着物を選んだのも笑いを誘われる「十二夜」の喜劇と、その面白さを分かち合う一夜のために。

　喜怒哀楽は人の顔の表情なり、着付けは人の姿の表情なり。

映画監督ヴィム・ヴェンダースさんと
写真家の奥様ドナータさんとともに。
気分の浮き立つ綸子の着物で。

密やかなおしゃれ
襦袢と半襟

京都の長襦袢屋さんで別染めした観世水。
強い色なのに着物を選びません。

七五三の着物を再利用したもの（上）と
鹿の子の長襦袢は地味な着物に。

大好きだった絽の着物を再利用。
袖口から愛らしさがこぼれます。

染物屋さんの染見本の反物で
仕立てたもの。半襟は着物の残り布。

袖に染見本など別布を使った半襦袢
（長襦袢より簡単で便利）。

残り布を利用した半襟と半襦袢。
半襦袢は普段着、旅行に重宝。

七五三の着物を再利用。
金箔の折鶴の豪華さはそのままに。

西欧でレースはおしゃれに欠かせない要素。
袖口から垣間見えるレースの襦袢は夏だけでなく
優雅なパーティの装いにも。
叔母譲りのトルコ石色の訪問着に合わせて。

落ち着いた夏着物に、
真っ赤な半襟と半幅帯で
独自のおしゃれを楽しみます。

半襟コレクションの一部。
純白はもちろん、草木染のもの、
刺繍やビーズをほどこしたものなど
新旧さまざま。

この頃は昔と違って、日本でも欧米のように冷暖房が完備されていますから、単衣の長襦袢を四季を通じてお召しになっている方も多い様子。私自身、もう長く袷の長襦袢は着たことがありません。ヨーロッパでは、とりわけ夜会や晩餐会では、ご婦人方は胸や肩の大きく開いたドレスをお召しになりますので、たとえ寒い季節でも室内は暖かく、単衣の長襦袢でないと汗ばんできてしまいます。

もちろん、結婚式や晩餐会といった正式の場でお留袖、訪問着などを着るときは、きちんと長襦袢をつけます。白に近い薄色がふさわしく、強い色や派手な柄ものは避けます。とはいえ、長襦袢の本当の楽しみは、袖の振りからちらっと見える色の妙味。たとえば、地味な大島紬や結城をお召しなのに、袖口からは赤いもみの色がのぞいていたりすると、何ともいえない艶っぽさ、愛らしい女性らしさが感じられます。

長襦袢は色、柄とも大胆に遊んでみることをお勧めします。長着ではできない色使いを試してみるのも、着物に慣れるひとつの方法ではないでしょうか。オリジナルの襦袢を作ってみるのも一興です［114頁参照］。

白い半襟がきりっとV字型に決まっているのは清々しいものです。白い襟は、どんな着物にも合いますが、ひとくちに白といっても、地紋のあるものもあれば、綸子風の光沢のあるものもありますから、着物の格にあわせて決めましょう。

おしゃれ着に欠かせないのが色襟。アジアの布で作った半幅帯の残り布を使ったものや、旧い刺繍やビーズのついたものなどで自分らしさを出しています。以前、うちにいらしたお手伝いさんが趣味で草木染をしていて、半襟をいろいろ染めてくれました。野草で染めた半襟は、とてもやさしい色合い。また、地味な着物に真っ赤な色襟を合わせると、女性らしさが際立ちます［115頁下右］。

ヨーロッパは朝夕の寒暖の差が激しいので、夏でもショールが必要です。絽や紗の着物には、パシュミナなど大判のショールを合わせています。色柄ともにさまざまなショールが30〜40枚はあるでしょうか。洋服を着るときにも使いまわしています。

雨の日でなくても便利なのが雨コート。少し光沢のある絹の素材は、西欧ではエレガントに映りますし、防水が施してあることを説明しますと、たいていの方はとても驚かれ、感心されます。訪問着など格調の高い着物を着て出かけるときには、埃よけの役目も果たしてくれます。

雪の日は、スイスのローザンヌのデパートで買った洋服用の黒いケープが手放せません［左頁］。普段着にも訪問着にも合いますし、リバーシブルで片面は無地のウール、もう片面はペルシャのダマスク柄の絹。時と場所に合わせて表裏を使い分けできて、旅先でもとても重宝しています。エジプトやモロッコを訪れた際、着物姿で駱駝に乗ったときにも大活躍しました。

次に日本へ帰った折には、温かい黒のカシミヤで道行のコートを誂えて、おこそ頭巾を合わせたいと考えています。

洋服用の毛皮付きケープを着物に合わせて。
寒いときにはコートの上からも羽織れます。

外套を遊ぶ

ショールとマント

節子流とりあわせ 草履とバッグ

おしゃれ着に

ブルーエナメルの草履に
バティックを使った籠。
旅行時によく使う組み合わせ。
春夏秋用。

[右]黄色い草履にアジアの布のバッグ。
同じ布で半幅帯も誂えました（110頁左）。
[左]コルクの草履に艶やかな黒のパナマ・バッグ。
夏の普段着に。

[右]ともに京都「かづら清老舗」で誂えた袋物。
しっかりした作りで、長く愛用しています。
[左]縞の草履にシックなアジアの布バッグ。
春秋冬用。

［上］銀鼠色の草履にアンティーク・ビーズのバッグ。
四季を通じて、パーティ、結婚式などに。

よそゆきに

［上］黒草履にディオールのバッグ。
訪問着に合わせてパーティに（82頁）。
［左］赤と黒の印伝の袋にあわせた
赤い鼻緒の草履。気軽なお出かけに。
年中使える組み合わせ。

草履は、黒の台が便利です。つや消しの黒のエナメルには、鮮やかな色の鼻緒が映えますから。鼻緒と帯締め、帯揚げ、半襟などの小物の色を合わせるのも着物ならではのおしゃれですね。

畳表など、いかにも日本的な台も履き心地が良いですし、夏場でしたらパナマを使ってあるものも涼しげです。

愛用のバッグは、着物の残り布やアジアのイカト模様の帯の残り布で手づくりした袋物、京都の「かづら清」さんで誂えたもの［右頁下右］など。

洋装用のバッグを着物に合わせるのもいいものです。旅行の折などは、フェラガモの大ぶりな黒革のバッグ、パーティには、シックなアンティーク・ビーズのバッグを。インドやモロッコの刺繍を施した手細工のバッグも、着物と合わせると優雅な印象に。

小物も、着物だからこれ、と決めつけないで、自由な発想で楽しめば、いっそう世界が広がるのではないでしょうか。

着物変化

黄八丈の着物をリメーク。「猫祭り」(43頁)の出品作(菊池市の中学生の作品)と。

少女の頃、夏の掛け布団は白地に紅桃色の薊《あざみ》の花模様でした。覚えてはいなくても、この生地が幼い時の着物であったと聞かされて愛着を感じていました。見慣れていた祖母の着物がお座布団に、どこかにあったとかすかに覚えのある着物が炬燵布団に、父のどてらが小さく断ち切られてお雛様を納める箱の下布団に……。

子供時代、姿を変えたかつての着物を見ることで、最後までものを大切にすることの意味を、知らず知らず学んでいたように思います。私は今でも、古くなった着物をできるかぎり再利用するよう心がけています。

着物で一番傷みやすいところは裾回し(八掛)です。手縫いの着物はそう簡単に綻びませんので、洗い張りはたびたびしていても、稀に仕立て直しに出します。手縫いのものは布を傷めずに解きやすく、再び仕立てられるように布を守ってくれているのです。20歳の時につくったベンガラ縞の紬の場合、八掛が臙脂でしたが、40代で仕立て直したとき同色にし、60代になったとき黒に変えました[左頁上]。大人っぽい粋な感じになって、同じ着物を雰囲気を変えて楽しむことができました。浅草の「加賀屋」さんから勧められて、最近、縞や小紋柄の八掛を求めました。これに合った無地の着物を誂えようと、色見本を眺めてあれこれ考えています。

　黄八丈の単衣は大好きで、20代の頃、さんざん愛用しているうち、うっかり大きな染みをつけてしまいました。着物として再生するには布が足りないので、アジア風のズボンと丈長のブラウスに仕立てました［右頁］。着やすい洒落た装いとなり、着物の時より活躍しているほどです。

　何度も何度も洗い張りした藍染めの紬は、普段着用の洋服にしてみようとデザインを思案中。

　現在は消費社会なので、なんでも新しいものに買い換えるのが当たり前になり、着物の再生もあまり見られなくなりました。また、最近の若い人は縫い物に対する関心も必要もほとんどないようです。学校教育の中に、いまいちど、和裁の授業を取り入れてみれば、少しは手縫いの面白さ、そして着物の美しさにも興味を持たれるのではないでしょうか。浴衣から始めて、高校を卒業する頃には袷の着物一枚縫えるようになっていたら、どんなに素晴らしいでしょう。私の高校時代には、和裁は浴衣のみで、習ったのは洋服作りばかり。ですから、娘の産着を縫う時は本を参考にして、見よう見まねで苦心惨憺しました。

　自分でものを作ることは、ものを見る観察力を養い、手で作られたものを尊ぶこころを生みます。そして、そのこころこそが、一枚の着物の七変化を可能にすると思うのです。

［左］ベンガラ縞の紬は八掛の色を替えて今も愛用。
［下］合着（着物の下に着る対の下着）の裾を切って部屋着に。

布に恋して

異国の布を着物に

インドネシアの花更紗を半幅帯に仕立てて。

[右]アジアの布でつくった帯のいろいろ。
左端が118頁中央右のバッグと共布の帯。
[下]洋装ならばアジアや中近東の民族衣装が好き。
右はモロッコの古着、左はインドの布でつくったコート。

まだ赤子だった私がむずかるたび、手に美しい小布を持たせると、ぴたりと泣き止んで機嫌を直したと、母がよく話していました。物心つかぬ時からすでに、布に対してひとかたならぬ愛着を持っていたのかもしれません。長じて画家となってからは、一枚の布の美しさから構図をつくる場合もたびたびあるほど。

旅先では必ずといってよいほど布を買い求めます。布探しは旅の楽しみ。特に中近東やモロッコ、エジプトなどには手織りの美しいものがたくさんありますから……。アジア諸国の布地にも、以前から興味を寄せていました。木版刷り、ろうけつ染め、織りなど、日本に比べるとまだ素朴な製作過程を残しているものが多く、どこか気の抜けた、おおらかさがある布地に出会えます。原始的な手法であればあるほど、純粋な美しさに富んでいます。ふぞろいでちぐはぐな柄の妙味、草木染の染めむらがつくり出す多様性……。

気に入った布は、着物や帯に仕立てることもあります。江戸小紋にインドネシアのバティックで作った半幅帯[右頁]がとても合います。この帯は、締める位置を少しずらしたり、表裏を替えると、全く異なった表情が楽しめるのです。インドの家具用の布を着物にしたこともありますし、やはりインドの金糸を織り込んであるサリーを紗袷に仕立てたことも。

着物や帯になる布は世界中にあるのではないでしょうか。

いろはにほへと
〜あとがきに代えて

グラン・シャレの居間の窓を開くと、
松の古木が枝を広げ、四季ごとに姿を変える
スイスの山々が眼前に広がります。

20代より外国住まいとなり、もう40年以上の年月がたちました。
稀にしか帰ることのなかった日本は、いつしか、私にとって憧れの恋人のような存在に。いまでは以前よりも帰国の機会に恵まれていますが、帰るたびに、日本ならではの情緒を探し求めている自分に気づきます。最近では、そんな〝和のこころ〟は天の岩戸のような奥深いところに隠れてしまったようで、恋心はつのるばかり。

たとえ不便でも、手のぬくもりの思い出を秘めているもの、使い古して欠けていても物生（人生ではない物の生きた道）の味わいを留めているものは、美しいのです。

いまの日本では、建築にしろ、衣類にしろ、日用品にしろ、いずれをとっても、派手やかなものばかりが表に立って、侘び寂びの世界から遠のいてしまっているのは、どうしてなのでしょう。ピカピカ光り輝き、清潔でツルツルに磨かれているものばかりがもてはやされるのを目にすると、つい「いろは匂へどちりぬるを」と口ずさんでしまいます。

なによりも便利さが第一とされているいまの時代ですが、ほとんどのものは製作、使用、廃棄、すべての過程で大地や空気を汚してしまいます。私自身、日々の生活でそういったものの恩恵を多大に受けてはいながら、おこがましくも、もう一度、人間らしい生活に立ち戻る必要がある、と思うのです。

日本の文化は、自然との和から生れ、育まれてきたのですから。

今は眠れる森の美女と化した和のこころ、日本を再認識するという接吻で目覚めさせられるのにと、たわいなくその時を待ち焦がれるは、

「浅き夢みしゑひもせず」……。

２００８年５月　スイスにて

節子・クロソフスカ・ド・ローラ

本書に登場する和装関係のお店

◈銀座　一穂堂サロン
東京都中央区銀座1-8-17　伊勢伊ビル3F　Tel:03-5159-0599

◈加賀屋
東京都台東区浅草2-2-9　Tel:03-3841-0214

◈かづら清老舗
京都市東山区祇園町北側285　Tel:075-561-0672

ブックデザイン……大野リサ+川島弘世
編集協力…………夏目典子
地図製作…………ジェイ・マップ(p.9)

本書の第一章は「暮らしの風」(朝日新聞社)
2004年4月号〜2006年3月号掲載
「グラン・シャレ便り」を再編集・増補したものです。

とんぼの本

ド・ローラ節子《せつこ》の和《わ》と寄《よ》り添《そ》う暮《く》らし

発行　2008年7月25日
4刷　2012年9月20日

著者　節子《せつこ》・クロソフスカ・ド・ローラ
発行者　佐藤隆信
発行所　株式会社新潮社
住所　〒162-8711 東京都新宿区矢来町71
電話　編集部 03-3266-5611
読者係 03-3266-5111
http://www.shinchosha.co.jp
印刷所　凸版印刷株式会社
製本所　加藤製本株式会社
カバー印刷所　錦明印刷株式会社

ISBN978-4-10-602173-2 C0371